GOTT ist ein Camper

Wolfram Kerner

GOTT ist ein Camper

Alltäglicher und sonntäglicher HUMOR
mit einer Prise ERNST des Lebens

Querdachten Nr. 1

TheoLogo

Bibliografische Informationen der Deutschen Nationalbibliothek
Die Deutsche Nationalbibliothek verzeichnet diese Publikation in der
Deutschen Nationalbibliografie; detaillierte bibliografische Daten sind
im Internet über http://dnb.dnb.de abrufbar.

Bibelzitate folgen:
Lutherbibel. Standardausgabe mit Apokryphen. Revidiert 2017.
© Deutsche Bibelgesellschaft, Stuttgart 2016.
Gute Nachricht Bibel mit Spätschriften. Revidierte Fassung 1997.
© Deutsche Bibelgesellschaft, Stuttgart 2000.

© 2020 Wolfram Kerner
www.theologo.org
Einbandgestaltung und Fotos: TheoLogo
Herstellung und Verlag: BoD – Books on Demand, Norderstedt.
ISBN: 9783751936101

Inhaltsverzeichnis

Einleitung

Zur Entstehung und Idee des Buches und seiner Beiträge

Im Frühjahr 2020 erreichte die Corona-Krise auch Deutschland und brachte durch die Maßnahmen zu ihrer Eindämmung das gesamte öffentliche Leben zum Erliegen. Das führte dazu, dass auch in Kirchengemeinden keine Gottesdienste und auch sonst keine Veranstaltungen mehr stattfinden konnten. In den beiden evangelischen Kirchengemeinden Fußgönheim und Schauernheim überlegten wir mit einem Team, dass wir unsere Gemeindemitglieder auch über die Zeit des Versammlungsverbots und der Kontaktsperre mit eigens neu kreierten Publikationsformaten ermutigen und erheitern wollten: Der Pfarrer würde jeden Tag einen geistlichen Impuls mit einem humorvollem Akzent schreiben: Arbeitstitel „Alltäglicher HUMOR mit einer Prise ERNST des Lebens". Diese Impulse sollten dann täglich zunächst über Facebook und www.theologo.org veröffentlicht werden. Jeden Freitag wurden die Beiträge dann noch einmal gesammelt und wöchentlich als doppelseitiges Extrablatt gedruckt. Dieses konnte über die Gemeindehomepage als PDF heruntergeladen werden oder wurde an Gemeindemitglieder, die keinen Internetzugang hatten, als gedrucktes Flugblatt verteilt.

Im Laufe der ersten Wochen veränderte sich dann die Idee: Während in den ersten Tagen die einzelnen Impulse noch thematisch eher unverbunden aufeinander folgten, bekam ab der dritten Woche dann jede

Publikationswoche ein Thema das die einzelnen Beiträge miteinander verband. Als Wochenthema diente fortan einfach das Leitmotiv, das für den darauffolgenden Sonntag durch die Predigtordnung mit dem zugehörigen Predigttext vorgegeben war. Da zeitgleich auch noch bei Facebook die neue Gruppe „Werkstatt Theologie und Predigt" entstand, dienten die nun von Montag bis Freitag täglich entwickelten Impulse zugleich auch als Predigtideen, die dort veröffentlicht wurden. An Sonntagen und auch sonst hin und wieder zwischendurch entstanden zusätzliche Impulse, wie sie sich aus anderen Bezügen des Alltags- und Gemeindelebens mit oder ohne Corona-Bezug ergaben.

Die Idee, für die tägliche „stille Inspiration" nicht jeden Tag ein anderes Thema oder einen neuen Bibeltext zu wählen, stammt übrigens von Dietrich Bonhoeffer. Er praktizierte die bereits bei sich im Predigerseminar, wo man für die "Stille Zeit" nicht jeden Tag einen neuen Text las, sondern eine Woche lang denselben Text meditierte.

Für diese Buchausgabe wurden die täglichen Impulse nur wenig überarbeitet, wo dies nötig schien, damit sie auch außerhalb des ursprünglichen Corona-Kontextes verständlich sind. Es wurde allerdings an den allermeisten Stellen bewusst darauf verzichtet, den präsentischen Stil der Beiträge zu modifizieren.

Und getreu dem Leitmotiv „Es gibt so viele Wege mit Gott, wie es Menschen gibt." spiegeln diese Impulse natürlich die Art und Weise wider, wie sich der Weg Gottes im Glauben und Denken des Autors und seiner Gemeindearbeit zeigt. Dieser Weg und die sich dabei ergebenden Gedanken mögen allerdings nicht selten quer zu den Wegen und Gedanken verlaufen, die sich bei anderen auf ihrem Weg mit Gott einstellen. Deshalb heißt die mit diesem Büchlein beginnende Reihe, in der Hoffnung, dass es noch weitere solche Büchlein geben wird und diese auch anderen zur Anregung, Ermutigung und Ermunterung dienen mögen, auch nicht „Andachten", sondern „Querdachten".

Vorwort:
Liebe Frau HUMORLOS,

herzlichen Dank für Ihre Rückmeldung zu den von Ihnen bei uns erlebten Gottesdiensten.

Nach meinem Eindruck erliegen Sie zwei in unserer kirchlichen Kultur weit verbreiteten Missverständnissen:

Erstens scheint es für manche ein Ausweis für Frömmigkeit zu sein, wenn der Glaube möglichst ernsthaft, humorlos und jeden Anschein der Lächerlichkeit vermeidend daherkommt. Mein Vorbild ist hier allerdings Martin Luther: Er lernte an der Bibel und durch seine Entdeckung der Rechtfertigung allein aus Glauben, dass der Mensch durch Gottes Gnade zur Freiheit auch der Freude und des Lachens befreit ist. Gerade im Jubiläumsjahr der Reformation 2017 sind zu diesem Themenbereich inspirierende Veröffentlichungen erschienen, von denen ich Ihnen mit diesem Brief exemplarisch zwei als Kopie gerne zukommen lasse:

- Prof. Dr. theol. habil. Werner Thiede: Des Reformators befreites Lachen. Luthers Humor – allein aus Glauben
- Dr. Gisela Matthiae: „Denn wo der Glaube ist, da ist auch Lachen". Von einer reizvollen Verwandtschaft wie auch Lächerlichkeit christlichen Glaubens

Zweitens scheint es für manche ein Ausweis für seriöse Predigtvorbereitung zu sein, wenn die Predigt dann auch möglichst „seriös" vorgetragen wird. Ich kann Ihnen versichern, dass das Gegenteil eher der Fall ist: Eine Predigt vorzubereiten, zu schreiben und zu halten, indem man sie dann „seriös" abliest, erfordert meist weit weniger gedankliche Vorbereitung und Durchdringung, als nach getaner seriöser und gründlicher Vorbereitung noch einen weiteren Schritt zu gehen und zu überlegen, wie man die tiefgründig erarbeiteten Inhalte so kommunizieren kann, dass Sie beim Hörer auch ermutigend und erheiternd „ankommen". Und mein Vorbild für diesen Aspekt ist Jesus selbst: Wenn Sie daran Anstoß nehmen, dass in meinen Predigten eine Fleischwurst vorkommt, dann hören Sie doch nur einmal mit den Ohren eines Menschen des 1. Jahrhunderts, welche lächerlichen Gegenstände des Alltag Jesus zum Hauptgegenstand seiner Predigten in Form der Gleichnisse gemacht hat: ein unbedeutend kleines Samenkorn; ein verlorener Groschen; ein orientalischer Patriarch, der seinem verlorenen Sohn bei dessen Heimkehr entgegenläuft. Allein dieses Bild des in seinen vornehmen Gewändern rennenden Familienoberhauptes muss für Jesu Zuhörer ein Bild der größten Lächerlichkeit gewesen sein. Und Jesus wendet dieses Bild der Lächerlichkeit gerade auf Gott an! Denn Gott ist sich nicht zu schade, für einen verloren Sohn und für uns (!) sich lächerlich zu machen, indem er zum Beispiel ein Mensch wird und in einem bedeutungslosen kleinen Dörfchen abseits der Weltmetropole Rom zur Welt kommt. Und das ist für unseren Gott kein versehentlicher Unfall, sondern gehört zum Prinzip seines Heilshandelns.

Zu diesem Themenbereich „Christlicher Glaube und Humor" gibt es sicher noch eine Reihe von Aspekten, die man ergänzen könnte und müsste, scheint es hier in unserer kirchlichen Kultur doch eine gehörige Portion Nachholbedarf zu geben. Auch scheinen viele

Bibelleser und Predigthörer sich an die meisten provokanten und humorvollen, auch überspitzten und anstößigen Predigt- und Redeweisen des Neuen Testament schon so gewöhnt zu haben, dass man ihre ursprüngliche auch anstößige Aussage- und Strahlkraft wohl überhaupt erst wieder durch mühsame Auslegungsarbeit hervorholen muss.

Meiner Meinung nach war Jesus ganz bestimmt der beste und seriöseste Theologe, den die Welt je gesehen hat – ganz dicht gefolgt vom Apostel Paulus. Aber Jesus war sich nicht zu schade, sich lächerlich zu machen, indem er sich als Rabbi mit einer Prostituierten am Brunnen unterhielt (das machte man als Rabbi einfach nicht!), oder indem er sich ganz unseriös den Kindern zuwandte (wovon ihn seine seriösen und wohlmeinenden Jünger abzuhalten versuchten).

Im Predigttext für den kommenden Sonntag (Apostelgeschichte 10) erhält der Apostel Petrus von Gott eine Vision, in der Gott ihm allerlei – für jüdische Empfindungen – widerwärtige Tiere zur Speise empfiehlt. Und als Petrus sich mehrmals aus religiös empfundenem Ekel weigert, dem Gebot Gottes zu folgen, wiederholt Gott seine Aufforderung. Gottes Humor an dieser Stelle besteht wohl darin, dass er Petrus durch diese bis dahin für Petrus unvorstellbare Zumutung in Form einer Vision bzw. eines Bildes (Essen von unreinen Tieren bzw. Speisen) darauf vorbereitet, das Evangelium den Heiden zu bringen. Petrus hätte leicht sagen können: „Ich als frommer Jude soll unreine Tiere essen? Das ist doch lächerlich!" Ja, genau das ist es. Petrus wird hier von Gott aufgefordert, sich selbst und seine bisher so wertgeschätzten religiösen Vorstellungen und Traditionen um des Evangeliums und der Menschen willen nicht ganz so ernst zu nehmen.

Zum Schluss: Den Stil, Predigten durch Anekdoten und Witze etwas griffiger und anschaulicher zu machen, habe ich vor vielen Jahren bei einem Prediger und Theologen kennengelernt, den ich für einen der engagiertesten und seriösesten Kirchenmänner halte, den ich kenne – bei meinem Vater. Und obwohl ich inzwischen neben anderen akademischen Graden auch einen theologischen Master-Grad aus Princeton und einen Doktor-Titel aus Heidelberg, zwei der Top-Hochschulen im Bereich der Theologie weltweit, erworben habe, bin ich immer noch der Auffassung, dass theologische Seriosität und humorvolle Lebensnähe zusammengehen können und sollten. Und dass man das nicht nur – wie Sie meinen – ausgewählten extravaganten Stadtkirchengemeinden gönnen, sondern auch ganz „normalen" Dorfkirchengemeinden nicht vorenthalten sollte.

Sollten Sie Interesse an der Vertiefung dieser Thematik haben, stehe ich Ihnen gerne zum Gespräch zur Verfügung. Ansonsten geben sicher die beiden erwähnten Artikel gute und weiterführende Einblick ins Thema „Glaube und Humor".

Mit freundlichem Gruß
und Segenswünschen
Ihr Wolfram Kerner

HUMOR – Wie verstehen wir das?

Wenn wir nur alle gesund sind!

„… wenn wir nur alle gesund sind!" In der Einleitung zu seiner so betitelten Sammlung jüdischer Witze führt Hans-Werner Wüst aus: „ein guter Witz sollte insbesondere Heiterkeit auslösen; denn Lachen ist seit der Antike als wirksames Heilmittel gegen viele menschliche Leiden bekannt. Außerdem kann ein guter Witz manchmal die schwierigste Gesprächs- oder Verhandlungssituation in Sekundenschnelle ‚entspannen'."

Unter anderem aus solchen Gründen gehört ein Witz oder eine humorvolle Anekdote seit Jahren zum festen Bestandteil evangelischer Gottesdienste in Fußgönheim und Schauernheim. Da diese aber nun auf unbestimmte Zeit aufgrund des Versammlungsverbotes ausgesetzt sind, wir aber vermutlich umso mehr eine extra Portion Humor in diesen Tagen gebrauchen können, wird es von mir anstelle des sonst sonntäglichen Witzes jetzt einen alltäglichen Facebook-Post mit einer hoffentlich wirksamen Prise Humor geben.

Also: Getreu dem Motto „Lieber Lachfalten als Tränensäcke!" der heutige Post aus der Kategorie „Medizinisches und Psychologisches":

ALT WERDEN

Mandelbaum zu seinem Arzt: „Doktorchen, wie kann ich 100 Jahre alt werden?"
Der Arzt: „Rauchen Sie?"
„Nein."
„Trinken Sie?"

„Nein."

„Essen Sie viel?"

„Nein."

„Geben Sie des Öfteren Ihrem Spieltrieb nach?"

„Nein."

„Pflegen Sie erotische Vergnügungen?"

„Nein."

„Aber warum wollen Sie denn dann überhaupt 100 Jahre alt werden?"

Mit Humor LEIDVOLLES ERTRAGEN und VERARBEITEN ...

Eine exzellente Hilfe, wie man Leidvolles der persönlichen wie der gemeinschaftlichen Geschichte mit Humor verarbeiten kann, ist die schon erwähnte Sammlung jüdischer Witze mit dem Titel „… wenn wir nur alle gesund sind!" Mein persönlicher Buchtipp übrigens für diese Tage, wenngleich manche Formen jüdischen Humors uns mit unserer christlich oder auch kirchlich geprägten Anständigkeit und Korrektheit stellenweise fast bedenklich und unerträglich erscheinen mögen – wie in dem Beispiel unten.

Juden erlebten vielfach das Leid, Flüchtlinge sein zu müssen, von Nazis verfolgt und ausgerottet und wegen Geldgeschäften diffamiert zu werden. Dennoch haben sie über die Jahrhunderte einen Humor entwickelt, der ihnen offenbar half und weiterhin hilft, all solches zu ertragen und zu verarbeiten; einen Humor, der sie daran erinnert, dass auch die größte Bedrohung einmal „ausgeschissen" haben wird.

Und merke: Wer keine Toiletten braucht, der braucht während einer Toilettenpapier-Krise vermutlich auch weniger Klopapier.

AUSGESCHISSEN

Deutschland im Jahre 1948. Der Architekt führt mit einem Beamten des Bauamtes die Schlussabnahme eines gerade fertiggestellten Wohngebäudes durch.
Der Beamte fragt:
„Wo sind denn hier die Toiletten?"
Der Architekt:
„Die brauchen wir in diesem Haus nicht. Unten wohnen Flüchtlinge, die rennen wegen jedem Mist aufs Amt. In der Mitte wohnen ehemalige Nazis, die haben ausgeschissen, und oben, da wohnen Spekulanten, die bescheißen sich gegenseitig."

WITZE an der SCHMERZGRENZE

Wenn man in wohlanständigen und gutbürgerlichen Kreisen Witze erzählt, die sich in die Nähe der erträglichen Schmerzgrenze oder sogar darüber hinausbewegen, dann muss man damit rechnen, dass früher oder später jemand ermahnt: „Darüber lacht man nicht!" Wie anders an dieser Stelle doch die jüdische Witz-Kultur gelagert ist! Dort scheint es überhaupt kein Phänomen des persönlichen oder gesellschaftlichen Lebens zu geben, egal wie leidvoll man es erfahren hat, zu dessen Verarbeitung nicht auch ein guter Witz hilfreich sein könnte – hart an der Schmerzgrenze oder auch darüber hinaus …

WITZURHEBER

Als Hitler von den zahlreichen Witzen erfährt, die über ihn verbreitet wurden, befiehlt er, denjenigen sofort zu verhaften, der dafür verantwortlich ist. Bereits wenige Tage später bringt man Hitler den Mann.

Hitler:

„Ist das richtig, dass Sie der Urheber des Witzes sind, in dem es heißt, dass ich mit einem Strick in den Wald gehe?"

„Ja, der bin ich."

„Und stammt der Witz, dass ich an einem jüdischen Feiertag sterben werde, auch von Ihnen?"

„Ja, der stammt auch von mir."

„Wissen Sie denn nicht, dass ich der Führer des Dritten Reiches bin, das über 1000 Jahre existieren wird!!!"

„Bitte verzeihen Sie, aber dieser Witz stammt wirklich nicht von mir."

—

Wer sich nun fragt, wie denn die beiden anderen, in diesem Witz erwähnten Witze gehen ...

STRICK

Blau zu Grün:

„Kennst du schon die Geschichte, in der Hitler mit einem Strick in den Wald geht?"

„Nein, diese Geschichte kenne ich noch nicht; aber sie fängt schon gut an."

FEIERTAG

Neugierig fragt Hitler eine Wahrsagerin:

„Bitte sagen Sie mir: An welchem Tag werde ich sterben?"

Die Frau denkt kurz nach, dann sagt sie:
„Sie werden an einem jüdischen Feiertag sterben."
Darauf Hitler: „Aber an welchem Feiertag genau?"
„Das kann ich leider nicht sagen; aber es wird mit Sicherheit ein jüdischer Feiertag sein."

LERNEN und ENTSCHEIDEN

Sich mutig neuen HERAUSFORDERUNGEN stellen ...

Wir alle sind in diesen Tagen gefordert, uns Herausforderungen zu stellen, um die wir noch vor wenigen Tagen einfach einen Bogen gemacht hätten. Viele Eltern sehen sich beispielsweise beim Homeschooling vor die Herausforderung gestellt, ihren Kindern Abgründe der Mathematik verstehen zu helfen, von denen sie glaubten, nie mehr mit ihnen konfrontiert zu werden. Hier mein Lieblingsbeispiel, um auch jüngeren Schulkindern schon auf leichte Weise ein schwieriges Themengebiet der Mathematik verständlich zu machen:

RECHNEN MIT NEGATIVEN ZAHLEN

Der Schulbus hält an der ersten Haltestelle und es steigen zwei Schüler ein.
Bei der nächsten Haltestelle steigen drei weitere Schüler ein.
Bei der dritten Haltestelle steigen vier Schüler aus.
Bei der nächsten Haltestelle steigen drei Schüler aus.
Frage:
Wie viele Schüler müssen bei der nächsten Haltestelle einsteigen, damit null Kinder im Bus sitzen?

MALEN hilft, weise ENTSCHEIDUNGEN zu treffen

Vielfach wird in diesen Tagen angemerkt, dass die kommenden Wochen und Monate eine Gelegenheit sind, gewichtige Entscheidungen zu treffen: Wie wollen wir als Gesellschaft nicht nur durch diese Krise hindurch, sondern auch aus ihr herauskommen? Wie wollen wir danach unser Zusammenleben gestalten?

Neben solchen grundsätzlichen Fragen stellen sich vielen von uns gerade auch ganz drängende Fragen, die unsere gesamte Existenz betreffen. Auch diese wollen sorgfältig abgewogen werden.

Gerade die Zurückgezogenheit und Stille, zu der wir durch die Kontaktsperre jetzt vielfach geführt sind, bieten uns auch eine Gelegenheit, zur Besinnung zu kommen. Und sowohl ein gewisser HUMOR wie auch SPIEL können helfen, Abstand und Gelassenheit zu erlangen, die angesichts existentieller Herausforderungen nötiger sind denn je.

IN DEN SAND GESETZT

Jesus wurde einmal bedrängt von den religiös-politischen Verantwortlichen seiner Zeit. Diese forderten von ihm eine Entscheidung über Leben und Tod einer Mitbürgerin. ABER Jesus bückte sich einfach nur und malte mit dem Finger in den Sand … Als sie aber nicht aufhörten, ihn zu bedrängen und herauszufordern, da stand er auf und gab ihnen eine weise Antwort, mit der so niemand gerechnet hatte …
(nachzulesen: Johannes 8,1-11)

MUT zum MERKWÜRDIGEN

Wir alle müssen immer wieder mit dem Phänomen umgehen, dass andere von unserem Leben und Verhalten vielfach nur Ausschnitte zu sehen bekommen. Diese nur fragmentarischen Eindrücke führen möglicherweise zu Deutungen unseres Verhaltens, die uns selbst dann wiederum in einem recht merkwürdigen Licht erscheinen lassen. Das sollte uns allerdings nicht davon abhalten, in ungewöhnlichen Situationen und außergewöhnlichen Herausforderungen auch mal Lösungen zu versuchen und Wege zu beschreiten, die anderen zunächst höchst merkwürdig, mitunter aber auch bewundernswert erscheinen mögen.

„IHREN GLAUBEN MÖCHTE ICH HABEN!"

Eine Klosterschwester fährt mit dem Auto über Land. Da geht ihr mitten auf freier Strecke das Benzin aus. Zu Fuß macht sie sich auf den Weg und trifft nach ein paar Kilometern glücklich auf eine Tankstelle.

„Könnten Sie mir ein bisschen Benzin geben?", fragt sie den Tankwart.

„Haben Sie einen Kanister?", fragt der zurück.

„Leider nicht. Können Sie mir einen leihen?"

„Ich habe gerade auch keinen."

„Sie werden doch irgendein Gefäß haben für ein bisschen Benzin, damit ich wenigstens bis hierherfahren kann."

„Irgendein Gefäß …", überlegt der Mann. „Oben auf dem Speicher habe ich einen alten Nachttopf. Wenn Sie mit dem vorliebnehmen wollen?"

„Nachttöpfe bin ich gewohnt", sagt die Schwester. „Geben Sie nur her!"

Das Benzin wird eingefüllt und die Schwester macht sich mit ihrem Topf auf den Rückweg. Als sie eben dabei ist, das Benzin vorsichtig in den Tank ihres Autos zu schütten, rollt ein schwerer Lastwagen heran. Der Fahrer tritt auf die Bremse, dreht das Fenster herunter und betrachtet fasziniert, was hier vor sich geht. Als der letzte Tropfen aus dem Nachttopf im Tank eingefüllt ist, sagt er bewundernd: „Meinen Respekt, Schwester. Ihren Glauben möchte ich haben!"

Neue SITUATIONEN – neue BEWERTUNGEN

Neue Situationen, die für uns mit neuen Herausforderungen oder auch neuen Lebensabschnitten daherkommen, führen nicht selten dazu, dass alte Einschätzungen und Bewertungen neu vorgenommen werden (müssen). Dabei spielt es keine Rolle, ob diese Situationen durch unseren eigenen Entschluss oder durch äußere Umstände, eine Krise zum Beispiel, herbeigeführt wurden. Zum Beispiel: Welche Berufsgruppen leisten eigentlich besonders wertvolle Beiträge für unser Zusammenleben und unseren gesellschaftlichen Zusammenhalt – gerade auch in Krisenzeiten? … und sollten daher auch angemessener entlohnt werden?

Auch wenn immer wieder einmal gefordert wird, dass insbesondere soziale Berufe besser bezahlt werden sollten, um dem Einsatz der Beschäftigten besser gerecht zu werden, so ist doch kaum davon auszugehen, dass solchen Lippenbekenntnissen – nach einer Krise – auch wirklich Taten folgen werden. Umso tröstlicher und ermutigender mag es da sein, sich immer wieder vor Augen zu führen, dass viele Berufe und die mit ihnen verbundenen Tätigkeiten bereits gegenwärtig in sich Glück, Sinnerfüllung und Zufriedenheit tragen, die mit Geld nicht zu bezahlen sind … und dass es zukünftig noch eine „Entlohnung" geben könnte, über die sich mancher dann wundern wird:

ALLE NUR EINGESCHLAFEN

Ein Pfarrer und ein Busfahrer kommen zusammen im Himmel an. Petrus begrüßt den Busfahrer freudig und weist ihm im Himmel einen besonders schönen Platz zu, während er für den Pfarrer nur einen kritischen Blick und einen der einfachen Plätze übrighat. Der Pfarrer beschwert sich bei Petrus und macht ihn darauf aufmerksam, dass er sein Amt immer auftragsgemäß ausgeübt habe.

„Ausgeführt schon", meint darauf Petrus „aber weißt du, im Bus dieses Fahrers haben die Fahrgäste immer ganz besonders intensiv gebetet, während bei dir in der Kirche alle nur eingeschlafen sind."

HOMESCHOOLING und ÜBERZEUGUNGSARBEIT

Je länger die Phase der Schulschließung und des alternativ dazu stattfindenden Homeschoolings andauert, desto mehr dämmert es Eltern, was für ein Knochenjob es ist, Schülern das Standardwissen des Fächerkanons zu vermitteln, so dass es wenigstens einigermaßen den Vorgaben des Lehrplans entspricht. Nicht nur an dieser Stelle gegenüber Lehrern, sondern auch gegenüber Vertretern anderer Berufsgruppen (Politikern zum Beispiel) stellt sich dann hoffentlich sowohl ein Verständnis als auch eine gewisse Anerkennung ein für die Herausforderungen, denen diese tagtäglich begegnen müssen, von denen man selbst aber nur ansatzweise etwas erahnen kann …

Blühende PHANTASIE und INTERPRETATIONS-SPIELRÄUME

„Was habt ihr denn heute bei Reli gelernt, Lukas?" – „Die Lehrerin hat uns eine Geschichte geschickt, dass eines Tages der liebe Gott Mose hinter die feindlichen Linien geschickt hat, um die Israeliten aus der Gefangenschaft der Ägypter zu befreien. Als sie dann am Roten Meer ankamen, ließ Mose von den Pionieren eine Pontonbrücke bauen. Darüber konnten die Juden ziehen. Da sahen sie aber hinter sich die Panzerwagen der Ägypter. Sofort hat Mose ins Hauptquartier gefunkt, man solle schwere Bomber schicken, um die Brücke zu zerstören …" – „Und das stand wirklich so in der Geschichte, die euch die Lehrerin per E-Mail geschickt hat?" – „Nun ja, dort stand es ein wenig anders. Aber wenn ich es dir erzähle, wie es in ihrer Geschichte stand, glaubst du mir ja doch kein Wort."

Nur durch „FEHLER MACHEN" lernt man

Eine der größten Herausforderungen in Krisenzeiten besteht offenbar darin, dass wir die gewohnten Wege, unser persönliches oder berufliches Leben zu gestalten, nicht mehr beschreiten können. Dann sind wir herausgefordert, neue Wege zu versuchen, um herauszufinden, was jetzt unter veränderten Bedingungen funktioniert und was nicht. Dieses Phänomen ist aber nicht nur aus Krisenzeiten bekannt: Für Forscher und Entwickler von Innovationen ist es praktisch ihre „ganz normale" Arbeitsweise, durch Versuche immer wieder herauszufinden, was nicht funktioniert, um eines Tages das zu finden, was funktioniert. Thomas A. Edison sagte über seine experimentellen „Fehlversuche" auf dem Weg, die Glühlampe zu erfinden: „Ich habe nicht versagt. Ich habe nur 10.000 Wege gefunden, die nicht funktionieren."

Das eigentliche und oftmals viel größere Problem für die Experimentierfreudigen unter uns sind dabei gar nicht ihre vermeintlichen „Fehler" und „Misserfolge", sondern die kritischen Verurteilungen, die ihnen dafür von solchen Mitmenschen zuteilwerden, die das Prinzip nicht verstehen: „Nur aus ‚Fehlern' lernt man. Wer keine Fehler macht …".

All diejenigen unter uns, die also bereit sind, auf ihren experimentellen Lernwegen jede Menge „Fehler" zu machen, können bis dahin von Egon Friedell lernen, wie man mit vernichtender Kritik umgehen kann:

VERSOFFENER DILETTANT

In einer Kritik wurde Egon Friedell einmal als „versoffener Münchner Dilettant" bezeichnet. Darauf antwortete er in einem offenen Brief: „Es stört mich nicht, als Dilettant bezeichnet zu werden, Dilettantismus und ehrliches Kunstbemühen schließen einander nicht aus. Auch leugne ich keineswegs, dass ich dem Alkoholgenuss zugetan bin, und wenn man mir daraus einen Strick drehen will, muss ich es hinnehmen. Aber das Wort ‚Münchner', das wird noch ein gerichtliches Nachspiel haben!"

GOTT begegnen

BETEN nicht NOTWENDIG

Wer in den ersten Tagen des Corona-Shutdowns mit seiner Familie einen Einkauf plante, bemerkte sehr schnell, dass vieles nicht mehr selbstverständlich war und daher kreative Alternativen gefragt waren: „Und wenn es wieder keine Tiefkühlkost gibt? Keinen Spinat? Kein Gefriergemüse? Keine Pommes?" „Dann bring doch mal frische Sachen mit. Die gibt es eigentlich jeden Tag neu geliefert, und wir machen Kartoffeln mit Rührei! Oder Tomatensoße mit Hackfleisch und … ähm … Nudeln???"

Wenn in solchen oder ähnlichen Tagen manchmal nicht nur Einkaufs-, sondern auch Gemeinschaftsmöglichkeiten eingeschränkt sind, dann ist das vielleicht auch eine Gelegenheit, das Beten als eine Form der Unterhaltung neu zu entdecken und zu vertiefen. Dabei kann es vielleicht hilfreich sein, sich in Erinnerung zu rufen, dass Kommunikation nicht nur eine Einbahnstraße ist – nach dem Motto: „Ich rede pausenlos auf den anderen (Gott) ein, weil ich etwas von ihm will." Kommunikation lebt auch davon, dass ich stille werde und mal zuhöre, was der andere (Gott) mir sagen will.

Und dass manche Gebete schlicht nicht notwendig sind, das haben manche Schüler bereits viel früher begriffen als ihre Reli-Lehrer oder Pfarrer:

KOCHEN KÖNNEN

Als Teil des Homeschoolings veranstaltet der Reli-Lehrer eine Umfrage zum Thema Gebet. Eine der Fragen

lautet: „Wer von Euch betet zu Hause vor dem Essen?"
Darauf eine der Antworten: „Wir beten nicht vor dem
Essen. Bei uns ist das nicht notwendig. Mama und Papa
KÖNNEN kochen!"

GOTTES STIMME HÖREN

Wer nun Lust hat, sich nicht nur mit (manchmal offenbar überflüssigen) Bittgebeten an Gott zu wenden, sondern auch einmal still zu werden und Gottes Reden zu hören, dem könnte vielleicht folgendes TheoLogo-Videotutorial nützlich sein:

https://youtu.be/AG_dFQlDMzo

Wenn's AUSWEGLOS scheint ...

Manche fragen in einer Krise, welche Antworten eigentlich die Religionen zu geben haben: Woher und wie kommt Hilfe, wenn nicht nur Beruf, Finanzen und Beziehungen Schaden zu nehmen drohen, sondern auch die eigene Seele zu leiden beginnt?
Die unterschiedlichen Herangehensweisen zur Beantwortung dieser Frage wurden einmal in folgender Episode so skizziert:

REINGEFALLEN

Ein Mann fiel in einen Schacht. Die Wände waren hart und steil, es gab keinen Ausweg. Laut schrie er um Hilfe.

Da kam einer vorbei, der tröstete den Unglücklichen: „Du bist immer ein guter Mensch gewesen, mein Bruder, du brauchst keine Angst vor dem Tod zu haben. Bestimmt wirst du dem Kreislauf der Wiedergeburt entrinnen." Er ging weiter.

Nach einiger Zeit kam einer anderer vorbei. Er hörte die Hilferufe, blickte den Schacht hinab, und Mitleid ergriff ihn. „Armer Freund", rief er aus, „du tust mir leid, aber was kann ich tun, es war Gottes Wille!" Auch er machte sich davon.

Zuletzt kam Jesus des Weges. Auch er hörte den Verunglückten, dessen Rufe schon ganz heiser geworden waren. Sofort lenkte er seine Schritte zum Unglücksort und sprang selbst den Schacht hinab. „Steige auf meine Schulter", forderte er den Mann auf, „und dann auf meine hochgestreckten Hände; du wirst den Rand des Schachtes gerade erreichen und dann wirst du dich leicht hinaufschwingen können."

KEINE KIRCHEN – und doch: ORTE DER GOTTESBEGEGNUNG

In traditionell religiös geprägten Kulturkreisen werden Kirchen oder Tempel samt den dort stattfindenden Gottesdiensten oftmals als besondere Orte der Gottesbegegnung angesehen. Dabei tut es hin und wieder gut, sich in Erinnerung zu rufen, dass christlicher Glaube seit seinen Anfängen über lange Zeit ohne Kirchengebäude ausgekommen ist und es auch heute an vielen Orten der Welt noch tut. Zwei ganz wesentliche Orte der Gottesbegegnung allerdings benennt schon die Bibel, die uns allezeit ganz nahe sind und offenstehen:

1. Der Apostel Paulus bezeichnet unseren Leib als „Tempel des Heiligen Geistes" (1.Korinther 6,19). Insbesondere die Tradition der christlichen Mystik und Meditation hat diesen Ort der Gottesbegegnung immer wieder herausgestellt und Anleitungen zur Wiederentdeckung publiziert. Falls Sie auch mal Lust haben, Ihren Körper als Ort der Gottesbegegnung zu erfahren, dann kann Ihnen dabei vielleicht die zweite Folge bzw. der zweite Schritt des zehnteiligen kostenlosen TheoLogo-Videokurses „Meditation lernen mit dem Herzensgebet bzw. Jesusgebet" behilflich sein:

2. Schritt: Sitzen, Aufrichten, Atmen

https://youtu.be/gM8Z0PqEogU

2. Jesus bezeichnete unsere Mitmenschen als solche Personen, durch die und in denen er selbst uns begegnen würde – durch jeden einfachen Akt der Zuwendung und

des liebenden Dienstes. Denn er sagte: „Was ihr für einen meiner geringsten Brüder oder für eine meiner geringsten Schwestern getan habt, das habt ihr für mich getan." (Matthäus 25,40) Man muss sich also gar nicht erst weit von Zuhause wegbegeben oder hoch nach oben ausstrecken, um Gott zu erreichen oder ihm zu begegnen, sondern eher …

TIEF BÜCKEN

Zu einem Rabbi kam ein Student und fragte: „Früher gab es Menschen, die Gott von Angesicht zu Angesicht geschaut haben; warum gibt es das heute nicht mehr?" Da antwortete der Rabbi: „Weil sich heute niemand mehr so tief bücken kann."

GLAUBENS- und GOTTES-KRISEN

In Krisenzeiten geraten nicht selten auch unser Glaube und unsere Gottesvorstellungen in die Krise, weil wir den Eindruck gewinnen, dass sie uns in ihrer bisherigen Form nicht weiterhelfen. Das ist aber ein ganz „normaler" Prozess, der sich nicht nur angesichts großflächiger gesellschaftlicher Krisen einstellt, sondern sich – wie die Entwicklungspsychologie herausgearbeitet hat – in jeder Biografie wiederfindet: Weiterentwicklungen und Wachstumsprozesse, die wir als Menschen durchlaufen, sind häufig auch mit Krisen unseres Glaubens und unserer Gottesbilder verbunden, weil diese sich ebenfalls weiterentwickeln. Solche Krisen können wir dann als Einladung verstehen, im Glauben weiter zu wachsen. Und wer an diesem Thema „Wachsen im Glauben" (samt Veränderung von Gottesvorstellungen) näher interessiert ist, dem kann vielleicht das unten verlinkte

TheoLogo-Videotutorial zu „Stufen des Glaubens nach James Fowler" weiterhelfen (das wohl prominenteste Konzept aus diesem Bereich der Psychologie):

Stufe 4: Individuierend-reflektierender Glaube

https://youtu.be/YtRPMlz1Aqs

Zu derselben Thematik auch noch ein Impuls von Leo Tolstoi:

HÖLZERNER GOTT?

Wenn dir der Gedanke kommt, dass alles, was du über Gott gedacht hast, verkehrt ist, und dass es keinen Gott gibt, so gerate darüber nicht in Bestürzung. Es geht vielen so. Glaube aber nicht, dass dein Unglaube daher rühre, dass es keinen Gott gibt. Wenn du nicht mehr an den Gott glauben kannst, an den du früher geglaubt hast, so rührt das daher, dass in deinem Glauben etwas verkehrt war, und du musst dich besser bemühen, zu begreifen, was du Gott nennst. Wenn ein Eingeborener an seinen hölzernen Gott zu glauben aufhört, heißt das nicht, dass es keinen Gott gibt, sondern nur, dass der wahre Gott nicht aus Holz ist.

KRISENZEITEN

ABWÄRTSSPIRALE

Eine Erfahrung, die wir immer wieder in Vereinen, Kirchengemeinden oder anderen Gemeinschaften machen, verstärkt sich unter bestimmten, besonders unter krisenhaften Umständen noch: Je länger wir mit Menschen nahe zusammenleben, möglicherweise noch dauerhaft unter einem Dach oder in einer kleinen Wohnung, desto mehr fallen uns nicht nur ihre positiven, sondern auch ihre negativen Eigenheiten auf. Und dann dauert es meist nicht lang, bis diese uns nicht nur nerven, sondern auch die erste negative Bemerkung fällt, die dann nicht selten durch eine mindestens genauso negative Rückmeldung erwidert wird. Und eine Abwärtsspirale beginnt sich zu drehen … bis es dann EXPLODIERT … und die Vertrautheit verloren geht … … … oder … … … oder wir eine Pause einlegen, uns besinnen, und vielleicht ein Neuanfang beginnen kann.

DAS GESCHENK DES RABBIS

Es war einmal ein Kloster, in dem nur noch fünf alte Mönche miteinander lebten. In dem dichten Wald um das Kloster stand eine kleine Hütte, die ein Rabbi zeitweise zu Studium und Gebet nutzte. Als die Atmosphäre zwischen den Klosterbrüdern über die Jahre immer negativer und kritischer wurde und der Abt des Klosters sich wieder einmal mit Gedanken über den bevorstehenden Tod seines Ordens quälte, entschied er sich, dem Rabbi einen Besuch abzustatten und ihn um Rat zu fragen. Der Rabbi hieß den Abt in seiner Hütte willkommen. Als die Zeit des Aufbruchs gekommen war, sagte der Abt: „Es ist gut, dass wir uns nach all diesen Jahren kennenlernen. Aber ich habe den eigentlichen Zweck meines Kommens verfehlt. Gibt es nichts, was mein Kloster retten könnte?" – „Es tut mir leid", sagte der Rabbi. „Ich kann dir nur sagen, dass der Messias einer von euch ist."

Bei seiner Rückkehr kamen die Mönche zusammen. „Was hat er gesagt?" – „Er sagte nur, dass der Messias einer von uns ist. Ich weiß nicht, was er damit meinte", berichtete der Abt bedrückt. In den folgenden Tagen, Wochen und Monaten erwogen die Mönche diese Aussage immer wieder und fragten sich, ob die Worte des Rabbis eine Bedeutung für sie hätten. Der Messias ist einer von uns? Meinte er möglicherweise einen der Mönche hier im Kloster? Wenn ja, welchen? Den Abt? Oder Bruder Thomas? Jeder weiß, dass Bruder Thomas ein Heiliger ist. Er meint sicherlich nicht Bruder Elred! Er ist oft so gereizt. Aber, obwohl er manchen ein Dorn im Auge ist, hat er doch so gut wie immer recht und seine Ansichten helfen weiter. Vielleicht meinte der Rabbi doch Bruder Elred. Aber sicherlich nicht Bruder Philip. Er ist so passiv, ein richtiger Niemand. Aber seltsamerweise hat er die Gabe, immer da zu sein, wenn er gebraucht wird. Vielleicht ist Philip der Messias. Natürlich meinte der Rabbi nicht mich. Auf keinen Fall! Ich bin doch nur ein normaler Mensch.

Nach und nach begannen die alten Mönche, sich selbst und die anderen mit außerordentlichem Respekt zu behandeln. Weil der Wald um das Kloster sehr schön war, besuchten Menschen immer noch ab und zu das Kloster. Sie spürten, ohne sich dessen bewusst zu sein, die Aura des Respekts, die die fünf Mönche umgab. Sie kamen immer öfter wieder und brachten ihre Freunde mit, die wiederum ihre Freunde mitbrachten, um ihnen diesen besonderen Ort zu zeigen. Manche der jüngeren Männer kamen mit den alten Mönchen ins Gespräch. Nach einer Weile fragte einer, ob er eintreten könne. Dann noch einer. Und noch einer. So wurde das Kloster, wegen des Geschenks des Rabbis, ein leuchtendes Zentrum des Lichts und der Geistlichkeit in der Gegend.

RÜCKBLICKEND

Wie wäre es, wenn es uns gelingt, bereits in der Gegenwart den Blick nicht nur auf die großen Bedrohungen der Krise, sondern auch auf die Geschenke des Augenblicks zu richten?

Rückblickend auf Krisenzeiten stellen wir nicht selten fest, dass zurückliegende Bedrohungen kleiner erscheinen, weil wir sie meistern konnten. Dagegen treten die schönen Erfahrungen und glücklichen Kleinigkeiten stärker hervor.

Schmerzhaftes ist durch die Selbstheilungskräfte der Seele verheilt und erscheint weniger schmerzhaft. Vielleicht sind wir an den Herausforderungen sogar gewachsen und können rückblickend in ihnen etwas Kostbares entdecken.

Und im Rückblick auf die Bedrohungen ist vielleicht sogar ein humorvoller Umgang möglich, für den in der Krise einfach noch der notwendige Abstand fehlte:

DIE GANZE WAHRHEIT

„Damals in Alaska", erzählte der Opa, „wurde ich von acht Wölfen angefallen."

Der Enkel: „Letztes Jahr waren es aber nur drei."
„Damals warst du noch zu jung, um die ganze Wahrheit
zu erfahren."

TALFAHRT und WIEDERAUFSTIEG:
V-, U- oder L-Kurve?

Wenn die Wirtschaft eine Talfahrt antritt, so kennen die
Ökonomen – vereinfacht gesprochen – drei Szenarien,
wie man sich das vorstellen kann.
1. V: auf steilen Absturz folgt wieder steiler Aufstieg
aus der Krise;
2. U: die Talsohle zieht sich etwas länger hin, bevor der
Aufstieg erfolgt;
3. L: auf den Absturz folgt eine längere Phase der Stag-
nation.
Offensichtlich ist, dass in Zeiten einer Krise vielen wirt-
schaftlich und gesellschaftlich Agierenden mitunter
eine Passivität und Stille zugemutet wird, die auf den
ersten Blick unangenehm, unattraktiv und unproduktiv
wirken. Dabei ist es jedoch für den Aufstieg aus der Talsohle zurück zu Aufschwung, Aktivität und Produktivi-
tät wesentlich, dass wir bereits in der Krise unser Au-
genmerk nicht allein auf das äußere Erscheinungsbild
vermeintlicher Passivität richten, sondern vielmehr er-
kennen, welches Potential und welche Kreativität gerade auch aus der Stille und Ruhe erwachsen können.

NUR IM DOPPELPACK

Im Schaufenster der Zoohandlung „Grün & und Sohn"
steht ein Käfig mit zwei Vögeln. Der eine Vogel sitzt
stumm in der Ecke, während der andere fröhlich ein
Liedchen nach dem anderen trällert.

Ein Kunde betritt das Geschäft und zeigt auf den laut singenden Vogel: „Ich möchte diesen talentierten Sänger kaufen!"

„Das geht leider nicht. Ich verkaufe beide Vögel nur zusammen."

„Den stillen Vogel will ich aber nicht! Können Sie denn keine Ausnahme machen?"

„Es tut mir sehr leid, aber das kann ich wirklich nicht. Der eine Vogel ist zwar der bessere Sänger – der andere ist aber der Komponist."

HORIZONTERWEITERUNG

In Herausforderungen und Krisen liegt es nahe, reflexhaft einzig und allein auf die Probleme und das Negative zu starren – wie das Kaninchen auf die Schlange. Von Politikern wird, wenn die Krise andauert, dann gefordert, nicht nur die notwendigen Maßnahmen zur Eindämmung der Krise zu treffen und deren Einhaltung durchzusetzen, sondern zugleich auch eine horizonterweiternde Perspektive zu eröffnen, die Hoffnung und Optimismus vermittelt. Dabei kann ein jeder selbst sehr viel dazu beitragen, dass uns in Krisenzeiten nicht allein die Negativereignisse und Negativmeldungen bestimmen, sondern hoffnungsvolle Perspektiven uns aufmuntern und ermutigen für den weiteren Weg. Dazu genügen mitunter ganz schlichte Änderungen unserer Denk- und Lesegewohnheiten:

BEFINDLICHKEIT VERBESSERT

Wien im Jahre 1935. Blau sitzt in einem Kaffeehaus und liest Zeitung.
Der Ober fragt:

„Herr Blau, ich weiß, dass Sie Jude sind, und genau deshalb verstehe ich etwas nicht: Warum lesen Sie ausgerechnet den Stürmer? Das ist doch die schlimmste Nazi-Propagandazeitung, die es gibt! Sind Sie etwa ein Ignorant, ein Masochist oder einer von den Juden, die aus ihrem Selbsthass keinen Hehl machen?"

„Nein, nein – genau das Gegenteil ist der Fall! Aber wenn ich eine jüdische Zeitung lese, dann lese ich nur über Unterdrückung, Krieg in Palästina und vor allem über die fürchterlichen Pogrome an meinen Glaubensbrüdern. Wenn ich dagegen den Stürmer lese, dann erfahre ich, dass die Juden die gesamte Wirtschaft kontrollieren, führend in der Wissenschaft sind und sich gerade darauf vorbereiten, die Weltherrschaft zu übernehmen. Und sehen Sie: Das verbessert in der derzeitigen Lage ein klein wenig meine Befindlichkeit."

BARMHERZIGKEIT gönnen

Immer wieder hören wir, dass in einer Krise nichts mehr so ist und nach der Krise nichts mehr so sein wird wie bisher. Das bedeutet schon jetzt, dass wir alle auch ganz neue Wege ausprobieren und Dinge zum ersten Mal tun, vor denen wir bisher zurückgeschreckt sind. Dabei kann es hilfreich sein, dass wir die Ergebnisse unserer ersten „Baby-Schritte" in einem neuen Tätigkeitsfeld nicht sofort vergleichen mit den Ergebnissen, die Profis in demselben Gebiet erzielen. Es tut uns allen gut, wenn wir uns selbst und anderen die Barmherzigkeit bei unseren ersten Versuchen gönnen, die wir auch Kindern gegenüber zeigen, die etwas Neues ausprobieren.

Wie man hört, versuchen sich in diesen Tagen zum Beispiel hilfsbereite Menschen erstmalig daran, ihren Familienmitgliedern mit einem Haarschnitt dienlich zu sein, solange Frisöre noch geschlossen bleiben. Vielleicht ein erstes Anwendungsfeld für Barmherzigkeit mit den Ergebnissen? Auch andere Anwendungsfelder kommen uns bestimmt sofort in den Sinn …

GOTT GETROFFEN

Die Erzieherin fragt die Kinder am Montag im Morgenkreis, ob sie ein schönes Wochenende gehabt und etwas Besonders zu erzählen hätten. „Ich!" meldet sich die kleine Christine, „Ich habe gestern den lieben Gott getroffen!" – „So, so", meint die Erzieherin, „erzähl mal." – „Als Papi und ich spazieren waren, da kam uns ein älterer Mann mit langem, weißem Bart und zerzausten Haaren entgegen, den Papi kennen musste. Er sagte nämlich: ‚Ach du lieber Gott, wie siehst du denn aus?'"

GUT DASTEHEN

Nicht nur in Krisenzeiten kann man ein Phänomen beobachten, das aber auch sonst im Leben – insbesondere unter Personen des öffentlichen Lebens – verbreitet ist: Jeder bemüht sich, so gut mit möglich dazustehen und so gut (und viel?) wie möglich, von anderen wahrgenommen zu werden. Dabei kann es doch so segensreich, erholsam und erheiternd sein, sich selbst auch einmal zurückzunehmen, anderen zuzuschauen, wie sie leuchten mit ihren Gaben und Talenten, und ihnen dann vielleicht sogar Lob und Anerkennung zu spenden.

Doch: Anderen den Vortritt zu lassen und nicht selbst immer der Erste sein zu müssen, fällt offenbar nicht nur Kindern schwer …

DIE ERSTEN

Ein Schreiner, ein Elektriker und ein Maurer streiten sich, wer das erste und älteste Handwerk hat. Sagt der Maurer: „Wir haben in Ägypten die Pyramiden gebaut!" Meint der Schreiner: „Wir bauten Noahs Arche!" Sagt der Elektriker: „Jungs, das könnt ihr alles vergessen! Als Gott bei der Schöpfung sprach: ‚Es werde Licht!', da hatten wir bereits alle Leitungen verlegt!"

Zwischendurch

WAHRHEITSGETREU und WOHLWOLLEND

Nicht nur Personen, die ein öffentliches Amt ausüben und sich selbst daher hin und wieder in der Radio- oder Zeitungsberichterstattung wiederfinden, wissen es zu schätzen, wenn Berichte und Informationen möglichst wahrheitsgetreu und wohlwollend für alle Beteiligten weitergegeben werden. Für einen jeden von uns ist dies ein hohes Gut, wenn andere über uns sprechen: dass sie dabei nicht irreführend verkürzen, sondern wahrheitsgetreu und wohlwollend über uns reden. Denn sonst ergeht es einem, wie dem englischen Bischof …

NACHTLOKALE in NEW YORK?

Als ein englischer Bischof nach New York kam, wurde er von einem Reporter gefragt, ob er auch Nachlokale zu besuchen gedächte. Der Bischof, vor unbequemen Fragen gewarnt, erwiderte: „Gibt es denn Nachtlokale in New York?"
Tags darauf las er in einer großen Zeitung den Bericht über das Interview mit der Überschrift: „Erste Frage des Bischofs: Gibt es Nachtlokale in New York?"

MÄNNER: unterschiedliche TAKTUNG

In Situationen, in denen wir dringend auf eine Information oder Hilfe angewiesen sind, merken wir immer wieder mal, dass Menschen und Institutionen offenbar ganz unterschiedlich getaktet sind: Manche von uns bekommen schon ein schlechtes Gewissen, wenn sie eine Anfrage nicht binnen 24 Stunden beantwortet haben;

von anderen erwarten wir nicht einmal mehr, dass sie uns innerhalb einer Woche antworten.

Dabei gibt es dieses Phänomen nicht erst seit der Ära digitaler Medien und Netzwerke. Nein, es ist schon so alt wie die Menschheit selbst. Und würde man dieses Prinzip im Alltag mehr beachten, dann könnten dadurch ganz viele Konflikte menschlichen Zusammenlebens vermieden werden. Eines der wichtigsten Anwendungsfelder:

„WIR MACHEN DAS!"

Wenn wir MÄNNER sagen „Wir machen das!" dann machen wir das.

Man braucht uns nicht jedes halbe Jahr daran zu erinnern.

P.S.: Wir Männer erwecken bisweilen den falschen Eindruck, als würden wir auch „schneller getaktet" funktionieren. Das geht aber nur in Ausnahmefallen: hochstens einmal im Jahr, wenn gerade Samstag ist und die Sonne scheint …

FREITAG, DER 13. – Glück oder Unglück?

Freitag, der 13., war der letzte Tag, an dem unsere Schüler vor dem Corona-Shutdown noch einmal zur Schule gingen. Seitdem verbringen sie nun ihre „Schulzeit" zu Hause. Ob man das als ein Glück oder Unglück erfährt, das hängt vermutlich an der Perspektive des Erlebens: Die Schüler erleben es offenbar vorrangig als Glück, eine Schulzeit zu erfahren, die sich – mit Spätem-Zu-Bett-Gehen und Ausschlafen – eher wie Ferien anfühlt. Die Eltern erleben es vielleicht eher als Unglück, zusätzlich zu ihren normalen beruflichen Anforderungen jetzt auch noch die Schülerbetreuung leisten zu müssen. Alles also eine Frage der Perspektive. Genau wie bei schwarzen Katzen:

SCHWARZE KATZEN – auf die PERSPEKTIVE kommt es an!

Wenn dir am Freitag, den 13., eine schwarze Katze über den Weg läuft, dann hängt dein Glück oder Unglück davon ab, ob du ein Mensch oder eine Maus bist!

UNMORALISCHES ANGEBOT?

Heute Nacht hatte ich einen Traum: Ein reicher Mitbürger bot mir ein Geschenk an. Ich könnte seinen Sportwagen haben. Einfach so, geschenkt … sooo vieeel Fahrvergnügen!
Aber ich bin Pfarrer. Muss ich da nicht ein Vorbild sein für Seriosität, Ernsthaftigkeit und Bescheidenheit? Und dann so ein Gefährt?
Was werden die Leute denken?
Egal. Ich nahm den Zündschlüssel und startete den Motor …

Was für ein Sound!!!

Fuß aufs Gaspedal. Was für ein Fahrgefühl!!!

Besteht nicht darin das Lebensglück? So könnte es sich zumindest anfühlen.

Wie viel PS brauche ich, um glücklich zu sein? Wie viel Statussymbol ist nötig, damit ich mich anerkannt weiß?

Doch dann wachte ich auf und mein Blick fiel auf den Kalender: Heute ist Palmsonntag. Jesus zieht in Jerusalem ein. Und weil Jesus sich von Gott selbst geliebt und anerkannt wusste, darum konnte er damit leben, von vielen umjubelt zu werden, aber auch seinen Weg weitergehen, als ihn die Vielen wieder verließen und ihm den Rücken kehrten. Und für all das benutzte er einen Esel. (Johannes 12,12-19)

MIT EINEM ESEL FING ES AN

Vor dem Dom fährt der Bischof im großen schwarzen Mercedes vor. Die Menge steht ehrfurchtsvoll dabei, die Kleriker verneigen sich, alle ziehen in feierlichem Zug in den Dom. Da sagt ein vorbeilaufender Junge zu seinem Freund: „Der Verein hat sich aber entwickelt, angefangen haben sie mal mit einem Esel."

Rund um OSTERN

KARFREITAG: ein „FEIERTAG"?

Da Karfreitag immer wieder „der höchste evangelische Feiertag" genannt wird, stellt sich für manche ja vielleicht doch die Frage, was es denn da eigentlich zu „feiern" gibt? Denn unsere traditionelle Religions- und Kirchenkultur scheint eher zu vermitteln, dass man an Karfreitag vor allem „trauernd bedrückt" oder „betreten still" sich fühlen und verhalten sollte.

In der Familien- und Kirchenkultur, von der ich geprägt wurde, da wurde ganz selbstverständlich vermittelt, dass die Ereignisse von Karfreitag vor allem ein Grund zur Freude und zur fröhlichen Dankbarkeit sind. Denn: In Jesus Christus, dem Sohn Gottes, zeigt Gott selbst uns seine Liebe und Hingabe, zeigt er sich selbst als ein Gott, der unser Heil und Glück will; zeigt sich Gott als ein Gott, der sich für uns bis zum Letzten hingibt und verschenkt und daher auch bis in die letzte Not in allen unseren persönlichen Nöten da sein wird. Und all das, als wir noch fern von ihm (in biblischer Sprache: „Sünder") waren, noch bevor wir überhaupt nur einen Gedanken an ihn verschwendet hatten.

So beschreibt es jedenfalls der Apostel Paulus: „Gott aber beweist uns seine große Liebe gerade dadurch, dass Christus für uns starb, als wir noch Sünder waren." (Römer 5,8).

Und wer sich nun selbst von diesem Gott, dem Vater, und seinem Sohn Jesus Christus durch den Heiligen Geist mit solcher Liebe beschenken lässt, der wird über kurz oder lang vermutlich gar nicht anders können, als das eigene Leben von dieser Liebe und Hingabe prägen zu lassen. Auch wenn wir nicht sofort zu einer Mutter Teresa werden (müssen) …

NICHT FÜR EINE MILLION DOLLAR

„Das würde ich ja nicht einmal für eine Million Dollar tun!", staunte ein amerikanischer Journalist, als er Mutter Teresa in Kalkutta zuschaute, wie sie die stinkende und ekelerregende Wunde eines Patienten versorgte. „Ich auch nicht", antwortete Mutter Teresa.

KARSAMSTAG – zwischen den Zeiten

Das Alte ist vergangen. Jesus ist tot. Zerbrochen ist alle Hoffnung. Ent-täuscht ist jede Täuschung. Nichts ist mehr übrig, von dem, woran ich mich bisher orientiert habe.
Und Gott schweigt.
Gott tut nichts, um das zu ändern.
Wie lange muss ich diesen Zustand noch ertragen?
Wie lange noch, bis Hoffnung und Neuanfang wieder möglich werden?
Und was macht Gott?

„GOTT, WAS HAST DU GEMACHT?"

Der einzige Sohn eines sehr frommen Rabbis lässt sich taufen und wird Christ. Der Rabbi ist verzweifelt. In seiner Not wendet er sich an Gott:
„Großer Gott, was soll ich nur tun? Ich war doch immer sehr gläubig und habe auch stets alle Gebote befolgt. Warum musste ausgerechnet mir das passieren?"
Darauf Gott, sehr verständnisvoll:

„Mir ist doch dasselbe mit meinem eigenen Sohn passiert!"
„Und was hast du gemacht?" fragt der Rabbi neugierig.
„Nu, ich habe gemacht ein neues Testament."

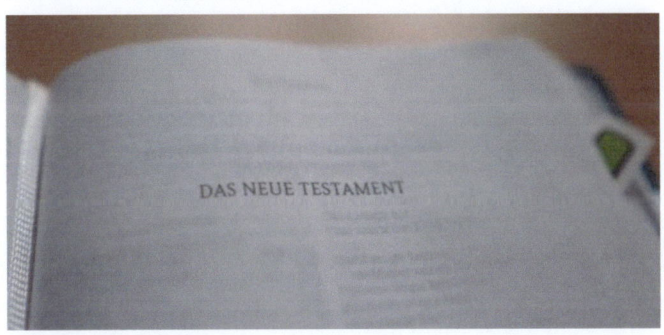

OSTERMORGEN

Früh war Maria von Magdala aufgestanden. Sie war einfach zu unruhig und hatte eh' die ganze Nacht nicht schlafen können – nach den Ereignissen der letzten Tage … Jesus war tot!
Und obwohl es nicht einmal 6 Uhr war, machte sie sich auf zum Grab.

Maria stand noch draußen vor dem Grab und weinte. Dabei beugte sie sich vor und schaute hinein. Da sah sie zwei weiß gekleidete Engel. Sie saßen an der Stelle, wo

Jesus gelegen hatte, einer am Kopfende und einer am Fußende. „Frau, warum weinst du?", fragten die Engel. Maria antwortete: „Sie haben meinen Herrn fortgetragen und ich weiß nicht, wo sie ihn hingelegt haben!" (Johannes 20,11ff.)

Aber hatte Jesus nicht gesagt, er würde nach drei Tagen wieder auferstehen??? Aber das konnte ja nicht sein! Und dann kam es noch schlimmer. Schlimmer als in einem schlechten Film:

DER GÄRTNER WAR'S!

Als sie sich umdrehte, sah sie Jesus dastehen. Aber sie wusste nicht, dass es Jesus war. Er fragte sie: „Frau, warum weinst du? Wen suchst du?" Sie dachte, er sei der Gärtner, und sagte zu ihm: „Herr, wenn du ihn fortgenommen hast, dann sag mir, wo du ihn hingelegt hast. Ich will hingehen und ihn holen."

…

„Maria!", sagte Jesus zu ihr. Sie wandte sich ihm zu und sagte: „Rabbuni!" Das ist Hebräisch und heißt: Mein Lehrer! (Johannes 20,14ff.)

Ob GOTT wohl HUMOR hat?

JESUS
JESUS lebt
JESUS lebt nicht
JESUS lebt nicht mehr
JESUS lebt nicht mehr und nicht weniger
JESUS lebt nicht mehr und nicht weniger, als du ihn in dir leben lässt.

Hörst Du mich? (Jesaja 40,26-31)

Kümmert er sich um mich?

Das ist ja schön, dass Gott Jesus von den Toten auferweckt hat. Das durfte man aber doch wohl auch erwarten, dass der Schöpfer der Welt sich wenigstens um seinen eigenen Sohn noch so weit kümmert, dass er ihn da nicht im Grab verrotten lässt. Dass das überhaupt so weit hat kommen können!

War Gott, der Schöpfer der ganzen Welt, etwa zu beschäftigt, dass er sich nicht einmal um seinen eigenen Sohn vorher hätte kümmern können? Wenn er schon Jesus so tief bis zum Tod am Kreuz hat sinken lassen, wie viel weniger wird er sich da um mich kümmern, wenn es mir einmal so richtig dreckig geht? ... der ich ja nur einer von vielen Milliarden auf diesem Planeten bin? Das sind doch ganz berechtigte Fragen, oder?

Gott lässt es doch offenbar viel zu oft zu, dass uns, mir und Dir, Unrecht geschieht, dass nicht nur sein eigener Sohn, unschuldig angeklagt und verurteilt wird.

ANGEKLAGT

Der Richter zum Angeklagten:

„Angeklagter, Sie stehen hier vor Gericht, weil Sie eine undefinierbare Flüssigkeit als Wunderwasser zur Lebensverlängerung verkauft haben. Sind Sie in dieser Hinsicht schon vorbestraft?"

„Ja, insgesamt zweimal: einmal im Jahre 1554 und ein anderes Mal im Jahre 1798."

—

Seht doch nur in die Höhe! Wer hat die Sterne da oben geschaffen? Er lässt sie alle aufmarschieren, das ganze unermessliche Heer. Jeden Stern ruft er einzeln mit Namen, und keiner bleibt fern, wenn er, der Mächtige und Gewaltige, ruft. Ihr Leute von Israel, ihr Nachkommen Jakobs, warum klagt ihr: „Der HERR kümmert sich nicht um uns; unser Gott lässt es zu, dass uns Unrecht geschieht"? (Jesaja 40,26f.)

Hast du nicht gehört?

„Hast du nicht gehört?" – Nee, habe ich jetzt echt nicht. Ich bin wohl schwerhörig ... Also, ich meine: Mit meinen Ohren ist schon alles okay – so akustisch „ohrologisch", meine ich. Es ist auch nicht so, dass ich heute früh vergessen hätte, die Ohropax rauszunehmen und deshalb manches einfach nicht mitbekomme.

Aber oft geht es mir so: Da erzählt mir jemand etwas, aber ich höre und verstehe es einfach nicht, weil ich mit meinen Gedanken ganz woanders bin, bei meinen Sorgen und Problemen. Und dann höre ich wohl, dass sie reden, bekomme aber gar nicht mit, was sie sagen ... Dann drehe ich mich im Kreis um mich selbst. Und wenn ich mich dann in so einer Spirale wiederfinde, dann denke ich manchmal noch dazu: „Was macht Gott eigentlich? Wann lässt der mal wieder etwas von sich hören?" Aber vielleicht liegt das Problem ja gar nicht bei Gott, dass der gerade nicht redet oder gar schlafen würde, sondern bei mir, dass ich gerade etwas schwerhörig bin?

WER HÖRT DENN NOCH ZU?

Zwei Psychoanalytiker unterhalten sich:
„Ist es nicht schrecklich, sich andauernd diesen Unsinn der Patienten anhören zu müssen?"
„Ja, schon! – Aber wer von uns hört denn da überhaupt noch zu?!"

–

Habt ihr denn nicht gehört? Habt ihr nicht begriffen? Der HERR ist Gott von Ewigkeit zu Ewigkeit ...! Er wird nicht müde, seine Kraft lässt nicht nach. (Jesaja 40,28)

FITNESS-POWER weg – und nun?

Das Schwimmbad hat jetzt längere Zeit geschlossen. Aber man soll doch was für die Fitness und den Kreislauf tun. Schließlich soll das ja auch helfen, falls das Virus einen selbst erwischt, wenn man dann einen krisenfesten Kreislauf und ein belastungsfähiges Herz hat.

Also: Fahrrad entstaubt und seit langem mal wieder eine Tour gedreht. Fühlt sich erstmal etwas komisch an: Schon nach nur einer Stunde und leichtem Gegenwind lassen die Kräfte spürbar nach. Dabei erinnere ich mich an Zeiten, da habe ich mit Freunden Fahrradurlaube gemacht – so mit Zelt und Schlafsack hintendrauf, mehrere Tage hintereinander 100, 150, 200 Kilometer am Tag ... Aber bis ich das wieder hinbekäme, bedürfte es noch ein ganzes Stück Training. Aber wie genial das ist, wenn die Muskeln erstmal wieder da sind!

Und bei vielen geistlichen Lebensvollzügen ist es auch nicht anders: Längere Zeit nicht mehr gebetet oder meditiert? Der Neuanfang fühlt sich auch erstmal komisch an. Aber wie viel Power und INSPIRATION die Seele dadurch bekommt! Immer wieder, wenn der spirituelle Kanal geöffnet wird und die Kraft Gottes da durchfließen kann ...

INSPIRATION

Ein jüdischer Student erzählt von seinem Rabbi: „Unser Rabbi sah einmal 100 Dollar auf der Straße liegen. Da es gerade Sabbat war, durfte er das Geld aber nicht anrühren. Und was soll ich euch sagen: Der Rabbi hob seine Hände zum Gebet – und da geschah das Wunder: Überall war Sabbat, nur da, wo das Geld lag, da war noch Donnerstag!"

—

Gott gibt den Müden Kraft und die Schwachen macht er stark. (Jesaja 40,29)

FLÜGEL müsste man haben!

Wenn ich doch Flügel hätte, dann würde ich mich einfach aufschwingen und Abstand gewinnen können; abheben aus dem finsteren Tal oder aus dem tiefen Loch, in dem ich mich gerade befinde; die Sonne wiedersehen, die größere Perspektive gewinnen.

Könnte ich durch Gottvertrauen so eine weite Perspektive bekommen? ... den Blick dafür, dass der Weg nach dem finsteren Tal auch wieder heller wird?!

Aus der neuen Perspektive des Gottvertrauens und des Glaubens würden aber auch manche meiner momentanen Einschätzungen und Bewertungen korrigiert werden müssen: Warum nenne ich denn eigentlich manches „hell" und anderes „dunkel"? ... warum das eine „richtig" und das andere „falsch"?

FEHLER in der WELTFORMEL

Als Albert Einstein in den Himmel kam, teilte man ihm mit, dass er einen Wunsch frei hätte.

Nach kurzer Überlegung wünschte er sich, die „Weltformel" zu erfahren. Gott war einverstanden und begann, eine lange Formel aufzuschreiben. Einstein las jede Zahl aufmerksam mit. Dabei wurde er immer nervöser.

„Aber die ist ja voller Fehler!" platzte es plötzlich aus ihm heraus.

„Ich weiß", antwortete Gott lächelnd.

—

Alle, die auf den HERRN vertrauen, bekommen immer wieder neue Kraft, es wachsen ihnen Flügel wie dem Adler. (Jesaja 40,31a)

DEN LÖFFEL ABGEBEN?

Woher kommen eigentlich Frische und Kraft, wenn gerade nur Müdigkeit und Kraftlosigkeit zu spüren sind? Das scheint gerade in Zeiten von durchgehendem Krisenmodus oder andauernder Herausforderung eine ganz wesentliche Frage; wenn man nicht irgendwann den Löffel abgeben will, weil einfach keine Kraft mehr da ist ...

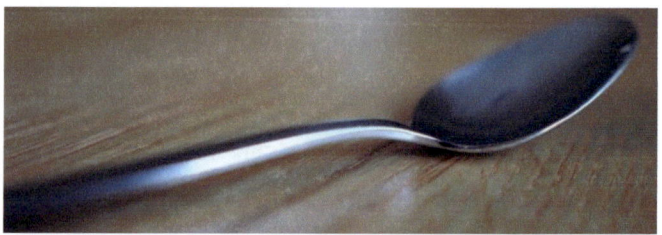

Dabei scheint die Antwort in der Theorie so einfach wie alt, in der Praxis aber oftmals so schwer und immer wieder neu zu erringen:

Gönn Dir mal einen Sabbat, eine Ruhepause, eine extra Portion Schlaf und Ausruhen! Ein Wochenende, einen freien Tag, ein paar freie Stunden, wo Du nicht wieder vollbeschäftigt bist mit der Erledigung aller bisher unerledigter Aufgaben. Lass Deine Seele mal baumeln! Durch ihre eigene, innere Weisheit weiß sie dann selbst schon am allerbesten, wie sie wieder zu Kräften kommt. Und ja, klar: Manchmal, da braucht es natürlich mehr als nur eine Portion Schlaf:

KRAFT TANKEN

Der Arzt zum Patienten: „Wie viele Stunden schlafen Sie denn täglich?" – „Höchstens drei bis vier Stunden,

Herr Doktor." – „Das ist aber wenig." – „Mir genügt es, in der Nacht schlafe ich nochmal fast zehn."

—

Alle, die auf den HERRN vertrauen, bekommen immer wieder neue Kraft ... Sie laufen und brechen nicht zusammen. (Jesaja 40,31)

PROVISORIEN statt PRIVILEGIEN

(Alternative Mini-Predigt in gottesdienstlich unsicheren Zeiten)

In Zeiten, in denen Normalität fehlt und auch Kirchen um das Ankommen bzw. Zurückkommen ins normale gottesdienstliche „Religionsgeschäft" ringen, fällt es gar nicht so leicht, dem Reflex zu widerstehen, alte gewohnte Regelungen oder neue Privilegien möglichst früh für sich zu reklamieren und zu sichern. Dabei mag es vielleicht beruhigen oder gar aufmuntern, wenn man sich verdeutlicht, dass die Christenheit ihre erste Blütezeit erlebte, als sie keinerlei Privilegien genoss und stattdessen flächendeckend mit Provisorien arbeiten musste. Ja, der erste große und „erfolgreiche" Kirchengründer betonte sogar nachdrücklich, dass in dem Prinzip, nicht auf die eigene Stärke zu bauen oder Vorzüge für sich zu reklamieren, letztlich sogar das „Wachstumsgeheimnis" christlichen Glaubens liegt. Gott sagte dem Apostel Paulus nämlich: „Lass dir an meiner Gnade genügen; denn meine Kraft vollendet sich in der Schwachheit." (2.Korinther 12,9a)

Darum können bestimmt auch wir heute getrost und zuversichtlich sein, dass die Kirche auch dann keinen geistlichen Schaden nehmen wird, wenn man ihr zumutet, für eine gewisse Zeit mit Provisorien zu arbeiten und Schwachstellen in der Durchführung von Veranstaltungen zu ertragen. Denn, was der Apostel Paulus für sich persönlich erfahren durfte, das gilt wohl auch für das christliche Gemeindeleben insgesamt:

SO VIELE NIETEN

„Warum das Schiff der Kirche auch in den größten Stürmen nicht untergeht?" – „Weil es von so vielen Nieten zusammengehalten wird!"

Weise HIRTEN (Hesekiel 34,1-16.31)

KRITIK gefällig?

Mir geht es als Pfarrer in meinen beiden Gemeinden sehr gut. Die Leute sind nett und ausgesprochen sympathisch. Das ist uns schon gleich zu Beginn aufgefallen, wie freundlich und offen wir aufgenommen wurden. Und immer wieder ist es schön zu sehen, wie konstruktiv sich das Miteinander und die Zusammenarbeit gestaltet.

Hin und wieder wundert es mich sogar, wie zurückhaltend und vorsichtig Kritik geäußert wird. Vielleicht, weil man dem anderen – auch dem Pfarrer – nicht zu nahetreten will? Manchmal muss man in Sitzungen regelrecht dazu ermuntern, auch einmal Negatives zu benennen, weil wir ja auch dadurch für die Zukunft lernen. Warum diese Zurückhaltung und Vorsicht bei Kritik?

Vielleicht haben viele schon häufiger die Erfahrung gemacht, dass es nicht nur Pfarrern und Pastoren („Hirten") schwerfällt, Kritik überhaupt an sich heranzulassen oder konstruktiv mit ihr umzugehen ...? Ob selbst Gott gerade deshalb mitunter ziemlich deutlich werden muss, weil er sich mit seiner Kritik bei führenden Persönlichkeiten sonst kaum Gehör zu schaffen vermag? Ein Beispiel:

So spricht der HERR, der mächtige Gott: „Weh euch! Ihr seid die Hirten meines Volkes; aber anstatt für die Herde zu sorgen, habt ihr nur an euch selbst gedacht. Die Milch der Schafe habt ihr getrunken, aus ihrer Wolle habt ihr euch Kleider gemacht und die besten

Tiere habt ihr geschlachtet. Aber für einen guten Weideplatz habt ihr nicht gesorgt." (Hesekiel 34,1-2)
Warum so hart?
Vielleicht weil es gerade Pfarrern, Pastoren und anderen „Hirten" besonders schwerfällt, vorsichtig geäußerte Kritik bei sich ankommen zu lassen?

VORSICHTIGE KRITIK: Wie oft rasieren?

Mit dem neuen Pastor ist die Gemeinde sehr zufrieden. Nur eine Kleinigkeit erregt Missfallen. Der Herr Pfarrer ist meist schlecht rasiert. Schließlich fasst sich Frau Ziese, die eifrige Helferin, ein Herz: „Sagen Sie mal, Herr Pfarrer, wie oft muss man sich eigentlich rasieren?" Verblüfft schaut der Pfarrer die Dame prüfend an und antwortet dann: „Na, bei Ihrem spärlichen Bartwuchs, Frau Ziese, genügt es alle vier Tage."

DEN KLÜGSTEN SPIELEN

Es gibt ja PfarrerInnen, Pastoren („Hirten") und anderes Leitungspersonal, die müssen überall ihre Finger drin haben, überall mitreden, es besser wissen. Wie deprimierend und erdrückend es ist, wenn Pfarrer und

Vorgesetzte immer den Big Brother, immer den Klügsten spielen müssen. Da freut sich doch jeder Little Brother, wenn – vielleicht mit Gottes Hilfe? – solche Aufpasser und Im-Weg-Steher mal „beseitigt" werden.

Wie wohltuend es dagegen ist, Leitungspersonal zu erleben, das seinen Mitarbeitern Verantwortung abtritt, selbst ausprobieren und Erfahrungen machen lässt – angefangen schon in der Kinder- und Jugendarbeit; und wenn es dann kein Drama ist, wenn mal was schiefgeht. Was für ein Segen, wenn man an Leute gerät, die einem vermitteln, selbst schon groß zu sein.

DER WEISESTE SEIN

Die Gemeinde hat einen neuen Rabbiner bekommen. Der neue Rabbi ist bereits seit vielen Jahren wegen seiner Klugheit und Weisheit im ganzen Land bekannt und berühmt. Die Leute sagen sogar, dass er ein Genie ist. Zur Einführung des Rabbis gibt der Bürgermeister einen Empfang. Cohn ist auch eingeladen. Nach dem Empfang kommt Cohn sehr nachdenklich nach Hause. Seine Frau fragt ihn, wie es denn war.

„Nu, als ich mich mit dem Bürgermeister unterhielt, war ich absolut sicher, dass unser Bürgermeister der klügste und weiseste Mensch der Welt ist. Als dann aber der neue Rabbiner mit mir sprach, hatte ich auf einmal das Gefühl, dass ich der klügste und weiseste Mensch der Welt bin."

—

Gott spricht: „Die Hirten meiner Schafe bekommen es mit mir zu tun, ich fordere meine Herde von ihnen zurück! Ich setze sie ab; sie können nicht länger meine Hirten sein." (Hesekiel 34,10)

HIRTEN NOTWENDIG?

Immer wieder gab es und gibt es Zeiten und Orte in der Geschichte der Christenheit, wo Glaubende ohne engere Betreuung durch Pfarrer, Pastoren oder andere „Hirten" auskommen mussten; aus ganz verschiedenen Gründen: Verfolgungs- und Unterdrückungszeiten, Diasporasituationen oder Kontakt- und Versammlungsverbote.

Wie gut, dass Gott als der große Oberhirte nicht darauf angewiesen ist, dass professionell ausgebildetes und bezahltes Bodenpersonal den Hirtenjob für ihn erledigt, sondern dass er das auch direkt selbst erledigen kann. Nur: Diese Möglichkeit, dass jeder Glaubende die Gegenwart Gottes jederzeit und an jedem Ort bei sich selbst entdecken kann, die ist in der Christenheit offenbar wenig bekannt – vielleicht auch, weil die professionellen Hirten sich über lange Zeit als unabdingbar dargestellt haben für die Vermittlung von Gotteserfahrung in Gottesdiensten und ähnlichen kirchlichen Veranstaltungen.

Mystiker wie die Wüstenväter und -mütter im 4. Jh., Bruder Lorenz im 17. Jh. und Frank Laubach im 20. Jh.

haben hingegen vorgelebt, wie man die Gegenwart des einen guten Hirten an jedem Ort und in jeder Minute erleben kann.

Wer sich einen ersten Einblick in die Ideen von Frank Laubach verschaffen will, bevor er sich das empfehlenswerte Buch dann kauft, kann dazu gut die folgenden beiden TheoLogo-Videotutorials nutzen:

https://youtu.be/XtArAQeI-oA (1. Folge)
Und:
https://youtu.be/zZKLSgc7QKo (2. Folge)

Bleibt nur noch die Frage: Wo ist Gott, der gute Hirte, denn nun konkret zu finden?

GOTTES GEGENWART

In Russland während der Zeit des Sowjet-Kommunismus. Selbstverständlich werden die Kinder in der Schule atheistisch unterrichtet.

Ein Lehrer zu seinen Schülern:

„Wer mir einen Gegenstand zeigen kann, in dem Gott steckt, der bekommt von mir zwei Rubel!"

Da meldet sich der neunjährige David:

„Und wenn Sie mir einen Gegenstand zeigen können, in dem Gott NICHT steckt, dann bekommen Sie von mir sogar vier Rubel!"

—

So spricht Gott der Herr: Siehe, ich will mich meiner Herde selbst annehmen und sie suchen. (Hesekiel 34,11)

VORBILDER (1.Petrus 2,21b-25)

Nimm Dir ein BEISPIEL!

„Nimm Dir ein Beispiel an dem!" Das habe ich früher als Kind meine Eltern häufiger sagen gehört; und dann wurde hingewiesen auf eine besonders vorbildliche Person aus meinem Bekanntenkreis. Meist wusste ich allerdings instinktiv, dass ich mich an der betreffenden Person zwar orientieren SOLLTE, es aber eigentlich gar nicht WOLLTE, weil mir ihr Verhalten nicht besonders attraktiv oder nachahmenswert erschien.

Dagegen hat es auf meinem Lebensweg so manches Vorbild gegeben, an dem ich mich aus freien Stücken gerne orientiert habe. Ob und wie Jesus wohl so ein Vorbild sein kann, an dem man sich nicht nur ein Vorbild nehmen soll, sondern es auch AUS ÜBERZEUGUNG selbst gerne will? Und was macht ihn dazu?

AUS ÜBERZEUGUNG

Professor Kunowski, ein getaufter Jude, wird gefragt, warum er sich taufen ließ.

„Aus Überzeugung!"

„Aus Überzeugung?"

„Ja, aus der Überzeugung, dass es besser ist, Professor an der Moskauer Universität zu sein als Aushilfslehrer in Wladiwostok."

Denn dazu seid ihr berufen, da auch Christus gelitten hat für euch und euch ein Vorbild hinterlassen, dass ihr sollt nachfolgen seinen Fußstapfen. (1.Petrus 2,21)

KEINER WILLES

... nur BRUCE WILLIS: Wer will denn schon sein Leben opfern, es weggeben, oder einfach nur Nachteile in Kauf nehmen? Und sei es nur, dass man Schmähungen, Kritik oder einen Shitstorm hinnimmt, ohne gleich zurückzugeben? Mir fällt das schwer. Ich will das eigentlich nicht.

Und trotzdem bewundere ich Leute, die das hinbekommen. Im Katastrophenfilm „Armageddon" rast ein riesiger Asteroid auf die Erde zu. Es gibt nur eine Chance: Der Ölbohrexperte Harry Stamper (Bruce Willis) muss selbst die Bombe auf dem Asteroiden platzieren, die diesen sprengen soll, dabei aber selbst mit in die Luft gehen ... Beeindruckend!

Vorbildlich? Da fällt mir ein, dass Jesus das so ähnlich gemacht hat. Ob Bruce Willis ihn sich zum Vorbild genommen hat?

Ist das nachahmenswert, wenn Menschen bereit sind, um anderer Menschen willen ihr Leben zu verkürzen, Beleidigungen und Kritik hinzunehmen oder ihre Lebensqualität zu schmälern? In uns ist doch eher der Wunsch, lieber länger und besser zu leben ...

LÄNGER LEBEN

Ein Medizinprofessor während einer Vorlesung: „Es ist ein weitverbreiteter Irrtum, dass verheiratete Männer länger leben als unverheiratete. Eine neue Studie hat nämlich kürzlich ergeben, dass sie überhaupt nicht länger leben – es kommt ihnen nur so vor."

—

Wenn Jesus beleidigt wurde, gab er es nicht zurück. Wenn er leiden musste, drohte er nicht mit Vergeltung, sondern überließ es Gott, ihm zum Recht zu verhelfen. (1.Petrus 2,23)

(K)EIN VORBILD

Wenn Jesus nur ein Vorbild wäre, das uns vorlebte, was ich tun soll, dann wäre er nicht mehr als jedes andere Vorbild: schön anzusehen, aber kraftlos für mich heute. Da Jesus aber mehr ist als nur ein Vorbild, nämlich Gottes Lamm, in mir die Kraft (die mir oft fehlt), der Hirte (der wirklich führt), der Zufälle mir zufallen lässt und dadurch meinen Weg hoffnungsvoll werden lässt; weil er der Auferstandene ist, der durch seinen Geist in mir lebt und um mich herum Netze der Hoffnung webt, darum kann ich auch mutige Schritte wagen, brauche ich nicht zu verzagen. Darum kann ich auch in seinen Fußstapfen gehen. Und falle ich hin, steht er mit bei, stillt meinen Durst und macht mich frei ...

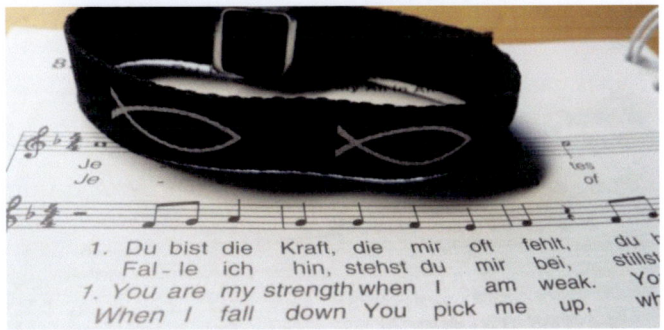

Das VERGESSE ist nur im Alltag so oft. Darum trage ich ein Armband, das mich an seine Gegenwart ERINNERT: in mir und um mich herum.

VERGESSEN, ABER ERINNERT

Die ganze Familie ist eilig auf dem Weg zum Bahnhof, um noch rechtzeitig den Zug in den Urlaub zu erreichen. Da bekommt der Vater Zweifel, ob der die Pässe dabeihat. „Kurt", sagt er, „kehr um und schau nach, ob die Pässe noch auf dem Schreibtisch liegen!" Kurt rennt los und ist auch bald wieder da: „Ja, Papa, du hattest Recht", sagt er, „die Pässe liegen noch auf dem Schreibtisch!"

—

Durch seine Wunden seid ihr geheilt worden! Ihr wart wie Schafe, die sich verlaufen haben; jetzt aber seid ihr auf den rechten Weg zurückgekehrt und folgt dem Hirten, der euch leitet und schützt. (1.Petrus 2,24f.)

E + H + E : Homeschooling

„EHE – Wer mit wem wie lange?"

… das wäre eigentlich das Thema eines Punkt11-Gottesdienstes gewesen, der dann wegen Corona ausfallen musste. Okay, dann jetzt also in der HOMESCHOOLING-VARIANTE, bis irgendwann mal wieder normales Unterrichten möglich wird:

E + H + E = ?

Normalerweise wird diese Gleichung im christlichen Kontext folgendermaßen aufgelöst:

E + H + E = (1.) EINE Frau plus (2.) ein MANN (3.) ein Leben LANG.

Nun, was in der Theorie und auf dem Papier so einfach aussieht, wird bei genauerem Hinsehen – auch in der Bibel – doch deutlich komplizierter ... Oder sollte ich schreiben: „bunter"?

HÖHERE MATHEMATIK

1. In der Bibel ist ganz selbstverständlich über weite Strecken auch die Variante „MEHRERE Frauen plus ein Mann" möglich (vgl. zum Beispiel die sog. Erzväter-Geschichten des Alten Testaments).

2. Auch wird in der Bibel berichtet, dass das LANG mitunter durch KURZ ersetzt wurde. Zu der Frau, die beim Ehebruch ertappt wurde, sagte Jesus dann aber interessanterweise nicht „Nie wieder!", sondern „Mach denselben Fehler nicht noch einmal." Klingt ja irgendwie auch vernünftig.

3. Wenn in der Bibel das EINE und das LANG offenbar nicht in Stein gemeißelt waren, weil das Leben in

Fleisch und Blut gelebt wird, ob dann wohl auch statt „EINE Frau plus ein MANN" die Variante „EINE Frau plus eine FRAU" christlich-biblisch denkmöglich ist?

Frage 3 ist jetzt also die Hausaufgabe, die es zu bearbeiten gilt, bis wir uns wieder „live" sehen können. Vorschläge zur Beantwortung der Frage bitte gerne vorab schon in die Kommentarzeile posten, damit auch andere die möglichen Lösungswege nachvollziehen können.

Und habt Ihr es gemerkt? Die wichtigste Frage zum Thema wurde überhaupt noch gar nicht gestellt!

E + H + E – WARUM ÜBERHAUPT ???

Denn es gilt ja doch auch der folgende Satz:

FRAUEN WOLLEN GAR NICHT HEIRATEN

„Hast Du gewusst, dass die meisten Frauen gar nicht heiraten wollen?" – „Nein, woher weißt du das denn so genau?" – „Ich habe sie gefragt!"

ICH VERLASS DICH NICHT

Okay, selbst wenn im Moment nicht nur einige Fragen rund um die EHE unklar scheinen, sondern auch sonst im Leben manches ungewiss ist, bleibt eines doch gewiss, bis wir uns dann mal wiedersehen – nämlich Gottes Zusage:

„ICH VERLASS DICH NICHT, verlass dich drauf!"

Und deshalb hat die LightBand das Beste vom Punkt11-Gottesdienst extra noch schnell in der Lutherkirche in Fußgönheim aufgenommen und TheoLogo daraus ein Musikvideo gemacht – nämlich diesen Song:

https://youtu.be/-OTE2cbDC4E

E + H + E : KORREKTUR !!!

DARSTELLENDES SPIEL. „EHE – Wer mit wem wie lange?" wäre eigentlich das Thema eines Punkt11-Gottesdienstes gewesen. Bedauerlicherweise ist der Schulleitung bei der Umstellung auf die Homeschooling-Variante, ein fataler Fehler unterlaufen, auf den wir jetzt durch unseren GROSSEN KÜNSTLER und zuständigen Fachleiter hingewiesen wurden:

Die Aufgabenstellung E + H + E wurde irrtümlicherweise dem Fach Mathematik zugeordnet, wodurch der falsche Eindruck entstand, es handle sich bei dieser Aufgabe um eine mathematische Gleichung, für die es nur eine richtige Lösung gibt. Dabei stammt diese Aufgabe doch von unserem weltweit bekannten GROSSEN KÜNSTLER und Lehrer des Darstellenden Spiels (DS). Die AUFGABENSTELLUNG lautet also – jetzt richtig:

E + H + E : Findet möglichst kreative und ästhetisch ansprechende Darstellungsformen, um dem künstlerischen Reichtum dieser Lebensform Ausdruck zu verleihen!

Wichtigste REGEL, die es einzuhalten gilt: Alle Formen, die im Prozess der Aufgabenbearbeitung zur Darstellung kommen, dürfen keiner der beteiligten oder im Prozess der Darstellung noch hinzukommenden Personen schaden, sondern sollen dem höchstmöglichen Glück aller Beteiligten dienen.

NACHWEISE für die Bearbeitung dieser Aufgabe können dadurch erbracht werden, dass Endergebnisse oder Momentaufnahmen aus dem Spielprozess hier veröffentlicht werden.

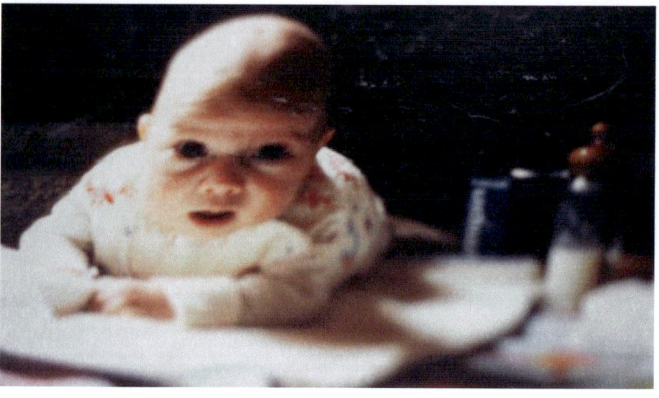

EINSCHRÄNKUNG: Der große Künstler weist noch darauf hin, dass es sich bei der Aufgabenstellung E + H + E um eine Wahlpflichtaufgabe handelt. Für alle, denen diese Aufgabe momentan nicht zusagt, ist die folgende Aufgabe gedacht: E L G N I S (mit derselben Aufgabenstellung wie bei E H E)

Und Zuletzt: Bei der Bearbeitung dieser beiden Aufgaben, dürfen natürlich RATSCHLÄGE von anderen erfahrenen Künstlern eingeholt werden, diese sollten aber immer geprüft werden und nur insofern Anwendung finden, wie sie zum eigenen Stil und Profil passen, die der große Künstler in einem jeden von uns recht unterschiedlich angelegt hat.

RATSCHLÄGE

David zu seinem Großvater: „Großvater, warum hat Gott eigentlich den Mann VOR der Frau gemacht?"
„Nun, das ist ganz einfach: Er wollte keine Ratschläge hören, wie er den Mann machen soll."

–

„Ich meine also, dass es wegen der bevorstehenden Notzeit das Beste ist, wenn jemand unverheiratet bleibt ..."
(Paulus, 1.Korinther 7,26)

WEIN und Weinliebhaber (Johannes 15,1-8)

Jesus von Fußgönheim (Pfalz)

Wenn Jesus von Nazareth heute noch einmal zur Welt kommen und in einem Dorf aufwachsen würde, dann bestimmt in Fußgönheim in der Pfalz, so dass man ihn Jesus von Fußgönheim nennen würde. Drei Gründe für diese These:

1. Während diesem Jesus nach Tod und Auferstehung von den Glaubenden verschiedene Beinamen (sog. Hoheitstitel) wie „Christus" oder „Gottes Sohn" beigelegt wurden, ist es vor allem ein Beiname, der ihm bereits zu Lebzeiten von den Frommen – allerdings verächtlich – hinterhergerufen wurde: „Fresser und Weinsäufer"! (Lukas 7,34) Und wo würde dieser Beiname heutzutage besser zu ihm passen als in der Pfalz, wo man Wein aus Halblitergläsern trinkt?

2. Bereits zu Jesu Lebzeiten machte mit Blick auf sein Wirken ein Spruch die Runde: „Was soll aus Nazareth

Gutes kommen?" (Johannes 1,46) In der jüngeren Geschichte gibt es kein Dorf in der Pfalz, auf das dieser Spruch besser passen würde als auf Fußgönheim: Als 2008 in der ganzen Pfalz Presbyteriumswahlen stattfanden, da konnte man in Anlehnung an Asterix & Obelix sagen: „In der ganzen Pfalz, nur in einem Dorf nicht ..." Weshalb anschließend unter PfarrerInnen die Frage kursierte: „Was soll aus Fußgönheim Gutes kommen?"

3. Und weil Jesus das Geheimnis kannte, dass Gott durch seine Kraft mit Fressern und Weinsäufern aus Nazareths und Fußgönheims seine Segensgeschichte schreibt, darum hat er auch mit Vorliebe Gleichnisse erzählt, die sich nicht zuletzt immer wieder auch um das Thema „Weingenuss" drehten. Zum Beispiel, als so begann: „Ich bin der wahre Weinstock, mein Vater ist der Weingärtner ..." (Johannes 15,1)

WEINGÄRTNER IM HOMEOFFICE

Geht ein Pälzer im Fußgönheimer Wald spazieren und trifft dort Gott. „Was machst DU hier?" fragt der Pälzer erstaunt. „HOMEOFFICE" antwortet Gott ganz selbstverständlich. (Anm. d. Red.: Wer in diesem Witz Rechtschreibfehler findet, hat vermutlich Gott noch nicht im Homeoffice getroffen.)

Normale Früchte

Kirchengemeinden könnte man ja mit Weingärten vergleichen. Und wenn man genauer hinschaut, dann entdeckt man zwei Prinzipien, nach denen in diesen Weingärten nicht selten „Früchte" hervorgebracht werden:

1. Prinzip: „Das haben wir SCHON IMMER so gemacht!"

Das Problem mit diesem Prinzip ist nur (im Bild des Weinstocks gesprochen): Reben verlieren mitunter den Kontakt zum Weinstock, merken das aber vielleicht gar nicht, weil sie ja nach dem Prinzip SCHON IMMER auch weiterhin in gewohnten Formen und Formaten produzieren können ... Aber alles, was dann zu ernten sein wird, sind allenfalls unreife oder ungenießbare Früchte, die niemals genussvollen Wein ergeben werden.

Dieses Phänomen hat offenbar mit einem zweiten Prinzip zu tun, das dann auftaucht, wenn der Weingärtner den Weinreben zumutet, sich auf etwas Neues einzulassen und er durch den Weinstock dazu auch den Saft geben würde. Aber dann kommt von den Weinreben nicht selten:

2. Prinzip: „Das haben wir NOCH NIE so gemacht!"
Gott mutet es Kirchen und Kirchengemeinden offenbar immer wieder zu, in veränderten Zeiten auf neue Weisen frische Früchte hervorzubringen. Und er gibt dann auch durch Jesus und seinen Heiligen Geist die Ideen und Kräfte dazu. Aber wenn Kirchen sich nicht auf

solche „Zumutungen" Gottes einlassen und stattdessen lieber nach den Prinzipien SCHON IMMER oder NOCH NIE handeln, dann wird alles, was sie produzieren, schlicht ungenießbar oder einfach kein Wein aus echten Trauben sein.

WEIN AUS TRAUBEN

Bermann, ein renommierter und erfolgreicher Weinhändler, liegt im Sterben. Seine Söhne stehen fassungslos an seinem Bett. Der Sterbende erteilt seinen Söhnen mühsam seine letzten Ratschläge. Und wie er schon ganz kraftlos ist, richtet er sich noch einmal auf und sagt mit gebrochener Stimme: „Und was ich euch noch verraten wollte: Wein kann man auch aus Trauben machen!"

—

Wie die Rebe keine Frucht bringen kann aus sich selbst, wenn sie nicht am Weinstock bleibt, so auch ihr nicht, wenn ihr nicht an mir bleibt. (Johannes 15,4)

Der erste „Fromme"

Wie Reben nur Frucht bringen können, wenn sie am Weinstock bleiben, so können wir Menschen, sagt Jesus, auch nur fruchtbar und segensreich leben, wenn wir ganz eng mit ihm verbunden bleiben (Johannes 15,5). Den ersten Menschen, der so ganz eng mit Gott lebte, nannte die Bibel dann übrigens „fromm". Das war Noah. Ihr wisst schon, dieser Noah, der bekannt wurde dafür, dass er ...

DER ERSTE WEINBAUER

Ja, genau! Der Noah, von dem die Bibel erzählt, dass er als Erster einen Weinberg anlegte (1.Mose 9,20). Was dann folgt, klingt komischerweise aber überhaupt nicht mehr so, wie man sich üblicherweise „fromm" vorstellt: Noah trank gleich so viel von seinem eigenen Wein, dass er betrunken wurde. Und würde man den Fortgang dieser Episode verfilmen, wäre sie vermutlich nicht einmal mehr jugendfrei ...

Was wir daraus lernen können? Wenn Jesus gerade an einem Weinstock illustriert, was es heißt, ganz eng mit Gott verbunden zu sein, und die Bibel sogar den ersten Betrunkenen „fromm" nennt, ob das vielleicht auch manche anderer unserer Vorstellungen vom Leben mit Gott auf den Kopf stellen könnte, worauf es dabei eigentlich ankommt?

Aber Jesus liebte es ja auch sonst, traditionelle Vorstellungen vom Frommsein und von Gott auf den Kopf zu stellen.

GOTT IST SCHWARZ

Lazarus erwacht aus dem Todeskoma. Ein enger Freund fragt ihn: „Lazarus, hast du Gott getroffen?" Lazarus: „Ja, *sie* ist *schwarz*."

WEINREBEN UND LILIEN

Was Weinreben und Lilien gemeinsam haben? Sie brauchen sich beide eigentlich keine Sorgen zu machen. Wenn die Weinreben am Weinstock bleiben, werden sie – ganz automatisch – mit allem versorgt werden und Frucht bringen (Johannes 15,5.7), genauso wie Lilien auf dem Feld immer – ganz automatisch – schön aussehen, ohne dass sie sich darum sorgen müssten, weil Gott dafür sorgt (Matthäus 6,28ff.).

Nur ich, ich mache mir ständig Sorgen um morgen. Ob ich genug haben werde? Ob es wieder gut laufen wird in Job und Beziehungen, wenn gerade alles nicht so läuft, wie es nach meiner Vorstellung laufen sollte. Ob ich gut genug dastehen werde ...?

GUT GENUG

Ein Schnorrer bettelt Baron Rothschild an, ihm Geld für einen Kuraufenthalt in Karlsbad zu geben. „Meinen Sie nicht auch, dass Karlsbad ein bisschen zu kostspielig für Sie ist?" fragt Rothschild den Schnorrer. „Gewiss, Herr Baron, aber für meine Gesundheit ist mir nichts anderes gut genug."

—

Warum sorgt ihr euch um die Kleidung? Schaut die Lilien auf dem Feld an, wie sie wachsen: Sie arbeiten nicht, auch spinnen sie nicht ... Wenn nun Gott das Gras auf dem Feld so kleidet, ... Sollte er das nicht viel mehr auch für euch tun? (Matthäus 6,28ff.)

WINTERPAUSE

Jeder Weinstock macht mal Winterpause. Bei den kirchlichen Weinreben ist jetzt allerdings vielerorts geplant, innerhalb der nächsten 14 Tage ins Gottesdienst-Produktionsgeschäft zurückzukehren.

Warum müssen Kirchen eigentlich in Gottesdienstaktionismus verfallen und Privilegien für sich beanspruchen, während viele Gewerbetreibende und Gastronomen noch in Existenznöten weiterhin zum Aushalten und Stillesein gezwungen sind? Unsere Kirchenleitungen sind in diesen Wochen offenbar ein ganz schlechtes Vorbild dafür, was es heißt, auf Gott zu vertrauen und dieses Vertrauen durch Aushalten und Stillesein vorzuleben. Dabei waren es doch gerade die Kirchen, die allen anderen immer vorgehalten haben, man möge Ruhepausen wie die Sonntagsruhe mehr achten. Aber jetzt, wo der Weingärtner seinen kirchlichen Weinreben mal etwas längere Winterpause zumutet, da halten sie es nicht mehr aus.

Immerhin: Es gibt wohl einige, die bei diesem religiös-kirchlichen Aktionismus nicht mitmachen, die die Gesundheit ihrer Mitbürger höher werten als ... Warum sollten sich die Weinreben denn auch losreißen und schon wieder loslegen, wenn der Weinstock noch Winterpause macht? Frucht wird doch nicht nur durch sommerliche Produktion hervorgebracht, sondern auch durch das Vorbereiten und Aushalten von längeren Winterphasen.

HOLZHACKEN

Ein frommer Jude fragt: „Rabbi, bitte sage uns: Wie lange und wie kalt wird der bevorstehende Winter?" Der Rabbi überlegt kurz, dann antwortet er: „Fangt an, Bäume zu fällen und Holz zu hacken!"

Drei Wochen später hat der Rabbi in Krakau zu tun. Im staatlichen meteorologischen Institut erkundigt er sich nach den Wettervorhersagen für den Winter. Der

Meteorologe: „Oh, der Winter? Der Winter wird wahrscheinlich sehr lang und sehr kalt – die frommen Juden fällen nämlich schon seit drei Wochen Bäume und hacken Holz."

—

Wer nicht in mir bleibt, der wird weggeworfen wie eine Rebe und verdorrt. (Joh. 15,6a)
Durch Stillesein und Vertrauen würdet ihr stark sein. Aber ihr habt nicht gewollt. (Jes. 30,15b)

FREIHEITEN

(Alternativer „Predigtersatzstoff" – Packungsbeilage: ACHTUNG: Heute etwas bitter – insbesondere für Kirchenleitungen!)

Sie sagen mir, es sei – um der Freiheit der Religionsausübung willen – nötig, dass Kirchen nach dem Shutdown möglichst bald wieder öffnen und dort Gottesdienste angeboten werden. Das klingt für mich in etwa so überzeugend, als wenn sie mir sagen würden, es sei – um der Freiheit der Nahrungsaufnahme willen – nötig, dass Restaurants möglichst bald wieder öffnen und dort Speisen angeboten werden. Dabei hätten es die Gastronomen und viele Gewerbetreibende – um ihrer Existenz willen! – doch viel nötiger, wieder zu öffnen, als die PfarrerInnen und PriesterInnen ...

Wie haben es die Kirchenleitungen bloß geschafft, dass sie den Politikern diesen Bären aufbinden konnten? Warum konnten die Kirchenleitungen, die sonst in ihren Wirtschafts- und Sozialworten allen anderen Bescheidenheit und Zurückhaltung predigen, diese nicht selbst üben und solidarisch anderen den Vortritt lassen?

Da wussten es die Wüstenväter und -mütter des 4. Jahrhunderts besser. Um Gott zu begegnen, folgten sie lieber dem Motto: „Ab in die Wüste! Mut zur Selbsterkenntnis" (so der Buchtitel von Katharina Ceming). Denn wer seinen Glauben leben will, hat dazu doch auch abseits kirchlicher Betriebsamkeit jederzeit und an allen möglichen Orten Freiheit und Gelegenheit – zum Beispiel im Gebet oder in der Meditation. Und wer das dazu noch in Gemeinschaft tun will, kann das doch auch in Freiheit tun, indem er sich schlicht mit einer anderen

Person zur gemeinsamen Nahrungsaufnahme trifft und dann vor der Mahlzeit die Freiheit der Religionsausübung beim Tischgebet dankbar wahrnimmt. Schließlich geht es uns doch – anders als anderen in früheren Notzeiten – so gut, dass alles in ausreichendem Maß da ist und wir beim Gastronomen wenigstens bestellen können, solange er noch nicht öffnen darf, weil unsere Kirchenleitungen nicht an ihn, sondern zuerst nur an sich selbst gedacht haben.

FRÜHER

Nachkriegszeit. Der Enkel: „Opa, was war früher da: das Huhn oder das Ei?" Darauf Opa: „Früher? Früher war beides da!"

—

Jesus: „Wo zwei oder drei in meinem Namen versammelt sind, da bin ich mitten unter ihnen." (Matthäus 18,20)

HAUSEN oder ZELTEN? (2.Chronik 5,2-14)

GOTT ist ein CAMPER

Lange Zeit war man unter Juden damit zufrieden, dass Gottes Gegenwart in einem Zelt bei ihnen war (die sog. „Stiftshütte"). Doch irgendwann meinte man, dass Gottes Gegenwart eine „anständige" Behausung bräuchte. So einen richtigen Tempel hatten schließlich auch die anderen ... Nur Gott selbst und ein paar seiner Propheten wussten, dass man durch derlei Repräsentationsversuche Gottes Gegenwart in der Wahrnehmung nicht vergrößern, sondern verkleinern würde, weil doch gilt: „Wer vermag es, ihm ein Haus zu bauen? Denn der Himmel und aller Himmel Himmel können ihn nicht fassen." (2.Chronik 2,5)

Wenn es nach Gott gegangen wäre, hätte er wohl weiter gecampt. Und wenn wir beim Zelt geblieben wären, dann hätte uns das vermutlich viele Missverständnisse und daraus folgendes Machtgebahren im Laufe der Kirchengeschichte ersparen können.

Übrigens: Dass Gott auch später wieder mit dem Zelt zu uns Menschen kam, das hat der Evangelist Johannes treffend so ausgedrückt: „Das Wort wurde Mensch und zeltete unter uns." (Joh. 1,14) Ob Martin Luther den Gedanken, dass Gott zeltet, so ungewöhnlich fand, dass er lieber mit „wohnte" übersetzte?

EXKLUSIVE KIRCHE

Ein Farbiger wünschte, in eine New Yorker Kirche aufgenommen zu werden. Der Pfarrer war reserviert: „Tja", sagte er, „da bin ich nicht ganz sicher, Mr. Jones, ob es unseren Kirchenmitgliedern recht sein wird. Ich schlage vor, Sie gehen erst mal nach Hause und beten darüber und warten ab, was Ihnen der Allmächtige dazu zu sagen hat."

Einige Tage später kam Mr. Jones wieder. Er sagte: „Herr Pfarrer, ich habe Ihren Rat befolgt. Ich sprach mit dem Allmächtigen über die Sache und er sagte zu mir: ‚Mr. Jones, bedenke, dass es sich um eine sehr exklusive Kirche handelt. Du wirst wahrscheinlich nicht hineinkommen. Ich selber versuche das schon seit vielen Jahren, aber bis jetzt ist es auch mir nicht gelungen.'"

HAUS für GOTT

Irgendwann gab Gott, der bisher eigentlich Camper war, dann doch nach und willigte ein, dass man ihm einen Tempel in Israel baute. König David sollte es aber nicht tun. Denn Gott sagte zu ihm: „Du hast viel Blut vergossen und große Kriege geführt; darum sollst du meinem Namen nicht ein Haus bauen, weil du vor mir so viel Blut auf die Erde vergossen hast." (1.Chronik 22,8)

Offenbar gilt bei Gott also das Prinzip: „Der, an dessen Händen Blut klebt, ist nicht geeignet, Gott ein Haus zu bauen." Hätte man dieses Prinzip im Laufe der weiteren Religionsgeschichte beherzigt, wir hätten uns vermutlich sämtliche Kreuzzüge und Religionskriege erspart ... Aber gut, Davids Sohn Salomo baute Gott dann also SEIN Haus, so dass man fortan ein sichtbares und beständiges Zeichen der Gegenwart Gottes in der Mitte des Volkes hatte.

AUF SEINE WEISE

Ein Christ und ein Jude diskutieren miteinander über die Vorzüge ihrer Religionen. Nach einiger Zeit sagt der Jude: „Lassen wir doch diesen unnützen Streit. Schließlich arbeiten wir doch beide für denselben Gott, Ihr auf Eure und wir auf SEINE Weise."

SCHLAGZEUGE traditioneller als ORGELN

Nun gut, Gott, der bis dahin traditionell als Camper mit Zelt unterwegs war, hatte sich also breitschlagen lassen, dass man ihm ein anständiges Haus baute: den Tempel in Jerusalem. Und nun musste natürlich auch standesgemäß Einweihung gefeiert werden mit allem, was die priesterliche Musikgruppe damals an klassischen Instrumenten aufzubieten hatte. Darunter waren natürlich auch die traditionellen Schlagzeuge wie Becken oder Zimbeln (2.Chronik 5,13). An so neumodischen Kram wie Orgeln hatte da noch keiner denken können, denn diese „Synthesizer des Mittelalters" wurden erst später erfunden. Als man dann – noch viel später – für Gott allerlei Kirchen in aller Welt gebaut und diese mit Orgeln ausgestattet hatte, betrachtete man komischerweise gerade diese neumodischen Orgeln als klassische gottesdienstliche Instrumente, während Schlagzeuge – mitunter als „Teufelswerkzeuge" verurteilt – um ihren Wiedereinzug in die Gotteshäuser kämpfen mussten.

Da sieht man mal, wo man liturgiegeschichtlich landet, wenn man meint, einen Gott, der ursprünglich in der ganzen Welt unter freiem Himmel zu Hause war, exklusiv in anständigen Gotteshäusern unterbringen zu müssen. Nur über den Gesang, da schien man sich zu allen Zeiten einig, dass der GUTtue, wenn er denn GUT klingt ...

IM GUTEN

Der drei Monate alte Stammhalter liegt in seinem Bettchen und will und will nicht einschlafen. Überlegt die junge Mutter: „Vielleicht sollte ich ihm etwas vorsingen?" – „Ich weiß nicht, Liebling", sagt der junge Papa, „wollen wir es nicht erst noch einmal im Guten versuchen?"

HAUS der FREIHEIT oder der PFLICHT?

Seitdem nun in aller Welt „Gotteshäuser" gebaut und eingeweiht wurden, ging man offenbar zwei ganz unterschiedliche Wege: Die einen meinten, dass man Gott in solchen besonderen Häusern in besonderer Weise bei ganz besonderen Gelegenheiten (den sog. „Messen") würde begegnen können. Und sie machten fortan daraus eine PFLICHT, diese Gotteshäuser mindestens einmal pro Woche aufzusuchen. Die anderen meinten, dass es zwar schön sei, dass man Gott in Häusern in Gemeinschaft würde erfahren können. Aber sie betonten immer wieder, dass derlei in FREIHEIT geschehen solle.

Zudem gab es unter den Letztgenannten manche, die in einsamen und stillen Gefängniszellen entdeckten, dass selbst dort, wo die FREIHEIT genommen war, Gott in Gemeinschaft zu erleben, er nicht weniger erfahrbar war. Im Gegenteil: Die Erfahrung Gottes in seiner Gefängniszelle führte einen sogar zu der FREIHEIT, ein Gedicht zu schreiben, wie er sich trotz Einsamkeit und

Zelle weiterhin „von guten Mächten wunderbar geborgen" wusste. Eine Erfahrung, zu der ihn offenbar die STILLE und Einsamkeit in der Gefängniszelle in einer Weise geführt hatte, wie es keine laute Veranstaltung in einem Gotteshaus je vermocht hätte:

„Wenn sich die STILLE nun tief um uns breitet, / so lass uns hören jenen vollen Klang / der Welt, die unsichtbar sich um uns weitet, / all deiner Kinder hohen Lobgesang." (Dietrich Bonhoeffer, 1944)

EINWEIHUNG

Aus einem Schulaufsatz: „... wurden am letzten Sonntag unsere neuen Glocken eingeweiht. Der Pfarrer und der Bürgermeister hielten lange Reden. Dann wurden sie aufgehängt. Seitdem ist es in unserem Dorf viel schöner."

HAUSGEMEINSCHAFT oder FAMILIE?

Im Laufe der Geschichte taten sich zwischen denen, die Gott Häuser bauten, immer mehr Meinungsverschiedenheiten auf. Lehrmeinungen und Dogmen wurden immer wieder in Stein gemeißelt, Unterschiede und Differenzen durch neue Gotteshäuser zementiert.

Es brauchte einige Jahrhunderte, bis die Ersten wiederentdeckten, was zur Einweihung des ersten Gotteshauses in Jerusalem gesungen wurde: „Der HERR ist gut zu uns, seine Liebe hört niemals auf!" (2.Chronik 5,13). Soll heißen: Worauf es ankommt, ist nicht das gemeinsame Dach über dem Kopf, das Glaubende lediglich zu einer temporären Hausgemeinschaft werden lässt, während die vier Wände sie von anderen trennen. Worauf es ankommt, ist die Güte und Liebe Gottes, die Menschen über alle Trennwände hinaus verbindet zu einer Familie von Brüdern und Schwestern.

ALLEIN ZU HAUS

Petrus gibt dem Neuankömmling eine Führung durch den Himmel: „Hier kommen wir jetzt zu den Lutheranern ..." Und etwas weiter: „Und hier haben wir die Pfingstler untergebracht ..." Wieder etwas weiter auf dem Weg: „Und jetzt müssen wir ganz, ganz leise sein. Hier kommen wir nämlich zu den Katholischen, und die denken immer noch, sie wären alleine hier."

Normal BETEN (Matthäus 6,5-15)

NORMAL oder SUPER?

Erinnert ihr euch noch an die Zeiten, in denen man sich an der Tankstelle fürs Tanken zwischen NORMAL und SUPER entscheiden musste?

Fürs Beten scheint es so eine Entscheidung – bewusst oder unbewusst – oftmals auch zu geben: Vor Gott kann man ja eigentlich ganz NORMAL reden, wie man es sonst auch tut. Er weiß dann schon, was wir meinen.

Oder man schaltet auf SUPER um, vielleicht um Gott oder (bei öffentlichen Gebeten) auch andere zu beeindrucken. Aber selbst Jesus meinte schon, dass wir das besser lassen sollten: „Wenn ihr betet, sollt ihr nicht viel plappern wie die Heiden; denn sie meinen, sie werden erhört, wenn sie viele Worte machen." (Matthäus 6,7) Heutzutage bezeichnen wir Personen, die SUPER religiös tun, obwohl sie auch nur ganz NORMAL menschlich sind, allerdings etwas anders, als Jesus es tat, nämlich als ...

SCHEINHEILIG

Wer meint, die Kirche sei voll von SCHEINHEILI-
GEN, der irrt sich. Für einen mehr ist immer noch Platz.

Beten lernen

Kirchen müssten doch der beste Ort sein, wo man Beten
lernen können sollte, wenn man es denn wollte. Aber
wenn man sich dann in einem evangelischen Gottes-
dienst anschaut, wie dort gebetet wird, bekommt man
den Eindruck, Beten sei etwa Folgendes:
Ein Mann (oder eine Frau) mit langem schwarzen Man-
tel steht da stocksteif mit schwerem Buch in der Hand
und liest gut vorbereitete und ausgewählte Worte in
manchmal langen Sätzen und schwerverständlichem
Kirchendeutsch von einer Textvorlage ab. Wenn Beten
aber (einigermaßen normales) Reden mit Gott sein soll,
dann müssten die Kirchen das doch auch in ihren Gottesdiensten anders vormachen. Denn wo sollte man
sonst noch besser Beten lernen als dort? Oder meint
man, dass Gott besser zuhört, wenn man zwar fromm,
aber unverständlich auf ihn einredet?

VORBETER

Während einer Andacht betet der Rabbi laut: „O Herr, ich bin ein Nichts, nur ein Staubkorn, das um Gnade fleht. Bitte hilf mir!"

Und der Kantor stimmt ebenfalls ein: „O Herr, ich bin auch ein Nichts, nur ein Staubkorn, das um Gnade fleht. Bitte hilf mir!"

Während die gesamte Gemeinde keinen Laut von sich gibt, ruft aus der letzten Reihe der stadtbekannte Schnorrer: „O Herr, ich bin auch ein Nichts, nur ein Staubkorn, das um Gnade fleht. Bitte hilf auch mir!"

Darauf der Rabbi verärgert zum Kantor: „So eine Frechheit! Heutzutage bildet sich wirklich jeder ein, ein NICHTS zu sein."

—

Jesus „Wenn ihr betet, dann tut es nicht wie die Scheinheiligen! Sie beten gern öffentlich in den Synagogen und an den Straßenecken, damit sie von allen gesehen werden." (Matthäus 6,5)

Eigenes Zimmer

Jahrelang, eigentlich meine ganze Grundschulzeit hindurch, habe ich mit meiner kleinen Schwester ein Zimmer geteilt. Wie froh war ich, als ich mit zehn Jahren dann endlich ein eigenes Zimmer beziehen konnte, auch wenn dieses im Keller lag. Denn dort konnte ich nun ganz allein für mich meine Ruhe haben. Ich war glücklich.

Wie viele Menschen aber gibt es, die dauerhaft als Familie nur einen einzigen Raum zur Verfügung haben? Zur Zeit Jesu war das ganz selbstverständlich. Da wohnte man als Familie mit den Haustieren in „Einraumhäusern" zusammen, wie der Name schon sagt … Die einzige Chance, da etwas Abstand von den anderen zu gewinnen, während man sich weiterhin in einem Raum befand: Augen und Ohren nach außen „abschließen" und dann einzig und allein auf das innere Gespräch achten oder die innere Stille genießen. Aber sowas will erst einmal gelernt sein!

LAUT oder LEISE beten?

Der arme Itzik sitzt in der Synagoge und jammert laut betend, weil er kein Geld hat. Sein Nachbar, ein reiches Gemeindeglied, gibt ihm 10 Rubel und sagt: „Aber sei jetzt auch sofort still und lenk IHN mir bitte nicht noch mehr ab!"

Jesus: „Wenn du aber betest, so geh in dein Kämmerlein und schließ die Tür zu und bete zu deinem Vater, der im Verborgenen ist." (Matthäus 6,6)

In Zeitlupe sprechen

Während einer Ausbildungsphase habe ich längere Zeit bei jemandem Vorträge hören müssen, der so langsam redete, als spreche er in ZEITLUPE. Wir, die wir zuhören mussten, konnten dann, um die Zeit noch einigermaßen erträglich zu gestalten, mit einem inneren Ratespiel beginnen: Wenn der Vortragende einen neuen Satz begann, versuchte man in den Redepausen zwischen den Wörtern innerlich zu erraten, wie der Satz weiter und zu Ende gehen würde. Und entweder gewann oder verlor man dieses Spiel gegen sich selbst ...

Wenn Gott nun so schlau ist, wie manche von ihm sagen, ob er dieses Spiel dann wohl noch besser beherrscht, so dass er unsere Sätze sogar vervollständigen kann, noch bevor wir überhaupt das erste Wort gesprochen haben?

–

Jesus: „Euer Vater weiß, was ihr braucht, bevor ihr ihn bittet." (Matthäus 6,8)

RAUCHEN BEIM BETEN

Zwei Theologiestudenten diskutieren darüber, ob es erlaubt ist, beim Beten zu rauchen. Da sie sich nicht einigen können, fragen sie den Professor: „Professor, ist es eigentlich erlaubt, beim Beten zu rauchen?"
„Natürlich nicht!" antwortet der Professor streng.

Als der Professor kurz das Zimmer verlässt, sagt der andere Student zu seinem Kommilitonen: „Du hast völlig falsch gefragt! Ich werde den Professor selbst fragen."
Nachdem der Professor wieder zurückgekommen ist, fragt der andere Student: „Herr Professor, darf man eigentlich beim Rauchen beten?"
„Aber ja!" antwortet der Professor lächelnd: „Beten darf man doch immer!"

Fehltritte vergeben

Als ich einmal einem Kind eine unangenehme Entscheidung mitteilen musste, da erntete ich eine äußerst schroffe Reaktion. Das Kind trat mir auf den Fuß und sagte noch dazu: „Du bist so blöd, Mann!"
Einen Moment lang überlegte ich, wie das wohl wäre: Wenn ich jetzt ganz schnell zurücktrete ... Dazu noch ein Satz wie: „Du bist selbst so blöd, Kind!"
Habe ich natürlich nicht gemacht. Ist ja klar.
Bei unseren Kindern fällt es verhältnismäßig leicht, Fehltritte zu vergeben und sogar hinterherzugehen und wieder für den Frieden zu sorgen. Warum nur fällt mir das oft so schwer, auch anderen Menschen ebenso zu begegnen, wenn sie sich mir gegenüber einen Fehltritt geleistet haben? Vielleicht gelingt das umso leichter, je mehr ich mich durchs Beten und Stillesein bei Gott geborgen weiß und dann selbst weniger unter SPANNUNG stehe?

ELEKTRIZITÄT

Im Physikunterricht: „Wer kann mir Elektrizität definieren?" Judith meldet sich: „Elektrizität ist, wenn man morgens schon unter SPANNUNG aufsteht, mit

Widerstand in die Schule geht, in allen Stunden gegen den Strom schwimmt, geladen nach Hause kommt und dann noch eine gewischt kriegt."

—

Jesus: „Wenn ihr den andern vergebt, was sie euch angetan haben, dann wird euer Vater im Himmel euch auch vergeben." (Matthäus 6,14)

NEUES probieren (Jeremia 31,31-34)

TRIAL and ERROR

Versuch und Irrtum, das Prinzip kennt jeder von uns, wenn man sich auf etwas Neues einlässt oder etwas ausprobiert, von dem man noch nicht genau weiß, ob es funktionieren wird. Anders geht es einfach nicht, als dass man erst einmal probiert und dann auswertet und dann nachsteuert und dann wieder ausprobiert und dann wieder das Ganze von vorn ...

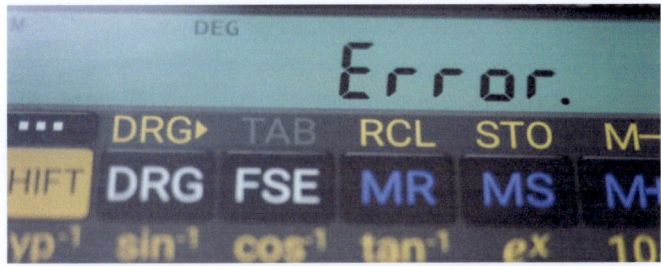

Dieses Prinzip gilt offenbar nicht nur fürs eigene Privat- oder Berufsleben, sondern auch für ganze Volksgemeinschaften, wenn sie sich beispielsweise gemeinsam mit einer Krise bisher nicht gekannten Ausmaßes konfrontiert sehen. Dann heißt es: neue Lösungen probieren, von denen vorher keiner so hundertprozentig wissen kann, ob sie genau den Erfolg haben werden, den man sich erhofft; oder ob man aufgrund der Erfahrungen, die man dann sammelt, noch einmal wird nachsteuern oder sogar etwas gänzlich NEUES wird ausprobieren müssen.

Bei all dem brauchen wir uns nicht wundern, wenn nicht immer gleich die erste gewählte Herangehensweise unabänderlich wird bestehen bleiben können. Auch Gott scheint das manchmal so gegangen zu sein: „Gebt Acht!", sagt der HERR. „Die Zeit kommt, da werde ich mit dem Volk von Israel und dem Volk von Juda einen neuen Bund schließen. Er wird nicht dem Bund gleichen, den ich mit ihren Vorfahren geschlossen habe." (Jeremia 31,31f.)

RECHNEN LERNEN ohne Hilfe

Die Lehrerin fragt: „Thomas, zum ersten Mal seit vier Wochen hast du deine Rechenaufgaben richtig gelöst. Wie kommt denn das?"
„Mein Papa hatte einfach keine Zeit, mir zu helfen!"

Neue Schritt wagen

Dass man im Leben einen Weg geht oder eine Methode wählt, die sich mit der Zeit als nicht mehr gut genug oder – weil veraltet – nicht mehr als hilfreich erweist, das scheint eine Erfahrung zu sein, die wir immer wieder machen (müssen). Es geht einfach immer nur Schritt für Schritt voran, und manchmal da muss man auch mal ganz NEUE SCHRITTE wagen. Das ist übrigens eine Erfahrung, die nicht nur wir Menschen machen (müssen), sondern die auch Gott immer wieder machen musste. So ging es ihm nämlich auch schon mit seinem Volk Israel: „Der neue Bund, den ich dann mit dem Volk Israel schließen will, wird völlig anders sein ..." (Jeremia 31,33a).

Mit dem Prinzip „Schritt für Schritt", Altes zurückzulassen und sich auf Neues einzulassen, damit kennt sich also Gott bestens aus und kann uns daher auch sehr gut und verständnisvoll begleiten, wenn es uns gerade schwerfällt, neue Schritte zu wagen oder REFORMEN anzugehen.

https://youtu.be/ohxzGCMG7-Q

REFORMEN

Drei Pfarrer prahlen mit ihrer Fortschrittlichkeit bei der Erprobung kirchlicher Reformen.
Der erste: „Stellt euch vor: In unserer Kirche gibt es seit kurzem an jedem Sitzplatz einen Getränkehalter!"
Darauf der zweite: „Nicht schlecht, aber in unserer Kirche gibt es an jedem Sonntag sogar kostenlos für jeden eine Tüte Chips!"
Und der dritte: „Das ist doch alles gar nichts. Bei uns hängt an den Hohen Feiertagen über dem Eingang der Kirche ein Schild mit der Aufschrift: ‚Während der Feiertage geschlossen'."

Keine Geburtsstunde

Manchmal hat man sich an „alte Wahrheiten" schon so sehr gewöhnt, dass man gar nicht mehr merkt, wie falsch sie eigentlich sind: So bezeichnet man beispielsweise den Pfingsttag, an dem die Jünger Jesu den Heiligen Geist empfingen, unter Christen gerne als „Geburtsstunde der Kirche". Dabei muss man sich aber doch einmal klarmachen, dass am Pfingsttag keine neue Religionsgemeinschaft und schon gar keine christliche Kirche gegründet wurde.

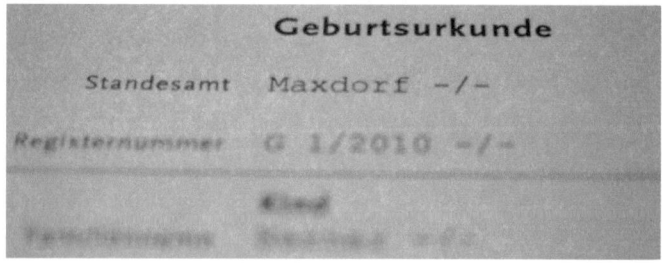

Denn am ursprünglichen Pfingsttag da waren in Jerusalem als Jünger Jesu allesamt nur Juden versammelt, die dort erlebten, dass sie auf ganz neue Weise vom Geist Gottes erfüllt und belebt wurden. Und durch das Geschenk dieser Erfahrung begründete Gott auch keine Kirche, sondern erfüllte schlicht und einfach nur eine alte Verheißung: „Ich werde ihnen mein Gesetz nicht auf Steintafeln, sondern in Herz und Gewissen schreiben." (Jeremia 31,33b)

Geboren wurde die neue christliche Religion dann weniger durch das Pfingstereignis, sondern – wie bei jeder anderen Geburt auch – dadurch, dass die „Mutter" das „Kind" mit der Zeit nicht mehr in sich (er)tragen wollte, sondern aus sich heraus in die Selbstständigkeit entließ und ihm einen eigenen Namen gab; so auch bei den Juden, die dann als erstes „Christen" genannt wurden (Apostelgeschichte 11,26).

BEGINN DES LEBENS

Ein katholischer Priester, ein evangelischer Pfarrer und ein jüdischer Rabbiner unterhalten sich über die Frage, wann genau das Leben beginnt.

„Das Kirchenrecht ist da ganz klar: das Leben beginnt selbstverständlich mit der Zeugung", erklärt der katholische Priester apodiktisch.

„Na ja", meint der evangelische Pfarrer, „wir sind da etwas toleranter; wir meinen, dass das Leben erst mit der Geburt beginnt."

Der Rabbiner: „Nun, nach meinen persönlichen Erfahrungen und nach allem, was ich so aus der Gemeinde weiß, beginnt das Leben erst dann, wenn die Kinder aus dem Haus sind und den Hund mitgenommen haben."

SELBST oder VON ANDEREN lernen

Von anderen belehrt zu werden, kann manchmal ganz schön sein – besonders wenn es gilt, nicht alle Fehler selbst zu machen; wie man ja sagt: „Man sollte aus den Fehlern der anderen lernen, denn kein Mensch hat so viel Zeit, sie alle selbst zu machen."

Während es also sehr weise sein kann, den Regeln und Geboten anderer zu folgen, um sich dadurch so manche negative Erfahrung zu ersparen, ist das etwas völlig anderes, wenn es um positive Erlebnisse im Leben geht. Wenn mir jemand von einer tollen Erfahrung vorschwärmt, dann will ich sie doch auch selbst machen.

Wenn mir jemand begeistert von der Begegnung mit einer inspirierenden Person erzählt, dann will ich diese Person am liebsten doch auch selbst kennenlernen.

Wie gut, dass in der Religion und beim Glauben die Zeiten vorbei sind, in denen man gefälligst alles immer so übernehmen und glauben sollte, wie es andere immer schon erlebt und gelehrt haben. Denn letztlich haben wir es beim Glauben ja auch nicht vorrangig mit Regeln und Geboten zu tun, auch wenn viele diesem Irrtum erlegen sind und viele Profis der Religion auch diesen Eindruck erwecken. Im Gegenteil, geht es beim Glauben doch um das eigene Kennenlernen einer begeisternden und inspirierenden Person, die zu diesem Thema mal Folgendes gesagt hat:

„Ich werde ihr Gott sein und sie werden mein Volk sein", sagt der HERR. „Niemand muss dann noch seinen Nachbarn belehren oder zu seinem Bruder sagen: ‚Lerne den HERRN kennen!' Denn alle werden dann wissen, wer ich bin." (Jeremia 33f.)

FLIEGEN LERNEN

Die Christen leben wie Gänse auf einem Hof. An jedem siebten Tag wird eine Parade abgehalten und der redegewandteste Gänserich steht auf dem Zaun und schnattert über das Wunder der Gänse, erzählt von den Taten der Vorfahren, die einst zu fliegen wagten, und lobt die Gnade und Barmherzigkeit des Schöpfers, der den Gänsen Flügel und den Instinkt zum Fliegen gab. Die Gänse sind tief gerührt, senken in Ergriffenheit die Köpfe und loben die Predigt und den beredten Gänserich. Aber das ist auch alles. Eines tun sie nicht – sie fliegen nicht; sie gehen zu ihrem Mittagsmahl. Sie fliegen nicht, denn das Korn ist gut und der Hof ist sicher. (Sören Kierkegaard)

FLEISCH und BLUT, nicht STEIN

Immer wieder begegnet mir im Leben das Phänomen, dass ich gerne etwas Verlässliches, Dauerhaftes und Unveränderliches hätte, worauf ich bauen oder woran ich mich orientieren kann. Auch in der Religion: am besten in Stein gemeißelt, damit ich weiß, woran ich bin, damit die Dinge klar und deutlich, unzweifelhaft und zuverlässig sind.

Aber so ist das Leben nicht, ist selten klar und deutlich, noch seltener fest und unveränderlich, weil sich einfach alles ändert, Menschen geboren werden, sich weiterentwickeln, sterben ...

Da ist nichts Festes, das für immer bleiben, keine TRA-DITION, die für immer bestehen könnte. Und wie könnte uns Gott da hilfreich begegnen mit Weisungen, die dauerhaft und unveränderlich zwar, dadurch aber zugleich blut- und lebensleer in Stein gemeißelt sind? Da war es schon eine gute Idee von Gott, noch einmal einen neuen Anfang zu wagen und uns Menschen mit seinen Weisungen nicht auf Stein- oder Gesetzestafeln, sondern durch unser Herz und unser Gewissen zu begegnen.

„Ich werde ihnen mein Gesetz nicht auf Steintafeln, sondern in Herz und Gewissen schreiben," sagt der HERR (Jeremia 31,33).

Das macht zwar vieles schwieriger und komplizierter, aber dafür umso lebensnäher und – wie das Leben oft nun mal so ist – spannender. Das Abenteuer hat begonnen ...

TRADITIONALISTEN

Wie viele Traditionalisten braucht man, um eine Glühbirne auszutauschen?

Richtige Antwort:

Traditionalisten tauschen keine Glühbirnen aus, weil sie glauben, dass sie nie eine finden werden, die so gut ist wie die alte.

GOTT erleben (Apostelgeschichte 2,1-21)

Etwas fehlt

Pfingsten, also. Was bedeutet das ursprüngliche Pfingstereignis eigentlich für mich, der ich zwar über zweitausend Jahre später lebe, aber doch von seinen Auswirkungen geprägt bin? Und: Was soll ich mit biblischen Berichten vom ersten Pfingstfest wie dem folgenden anfangen? „... und sie wurden alle erfüllt von dem Heiligen Geist und fingen an zu predigen in andern Sprachen, wie der Geist ihnen zu reden eingab." (Apostelgeschichte 2,4)

Es waren Texte und Bemerkungen über BESONDERE PHÄNOMENE wie diese, die ich vor ca. 25 Jahren in einer Liste sammelte mit der Überschrift: „Something is missing". In dieser Liste trug ich Bibelstellen zusammen, die Erfahrungen des Glaubens mit Wirklichkeitsbereichen schilderten, von denen ich den Eindruck hatte, dass sie uns verloren gegangen waren oder wir sie nicht mehr so einfach nachvollziehen können, weil wir den Zugang zu ihnen nicht mehr haben: Berichte von Heilungen, prophetischer Rede, Kraftwirkungen und Wundertaten, Inspirationsgeschehen, verschiedene Weisen des Geistwirkens usw. usf.

Was fangen wir damit an – zweitausend Jahre später? Ob es irgendwie möglich sein könnte, wieder einen Zugang zu solchen Erfahrungsbereichen zu finden?

FINDEN

Kommt ein Mann in einen Armee-Shop und fragt: „Haben Sie Tarnwesten?"

Antwortet der Verkäufer: „Ja eigentlich schon, aber wir können sie nicht mehr finden!"

Große Ratlosigkeit

Immer wieder scheint die Bibel von Ereignissen zu berichten, die – wie damals am ersten Pfingsttag – Leute, die sie miterlebten, ratlos ließen: „Erstaunt und ratlos fragten sie einander, was das bedeuten solle." (Apostelgeschichte 2,12)

Noch größer scheint die Ratlosigkeit nur noch bei Leuten zu sein, die sich heutzutage solchen Berichten nähern. Viele vertreten die Position, dass schon damals die berichteten Ereignisse „nicht wirklich so" stattgefunden hatten und Ähnliches auch heute nicht erlebbar sei. In den eher fromm geprägten Kreisen, in denen ich mich vor vielen Jahren auf die Suche nach Erklärungen für solche außergewöhnliche Phänomene machte, erhielt ich fast immer etwa folgende Antwort: „Ja, damals, da war das so. Aber heute gibt es das nicht mehr. Die Zeit der Apostel ist vorbei." Diese Antwort schien der Standard unter Leuten zu sein, die sich in eher traditioneller Weise an die Bibel hielten, diese und ähnliche Erfahrungen selbst aber nicht kannten.

Diese Standardantwort änderte sich für mich schlagartig eines Morgens in Ostberlin kurz nach der Wende bei einem Bibelgespräch, als wir über den Bericht vom ersten Pfingstfest redeten. Auf meine Standardfrage: „Warum erleben wir sowas heute nicht mehr?" antwortete der pensionierte Pfarrer, der das Gespräch leitete, für mich völlig überraschend: „Das ist eine gute Frage. Wer von Euch so etwas auch erfahren will, für den können wir gerne im Anschluss ans Bibelgespräch beten. Und dann werdet Ihr auch anfangen, solche und ähnliche Sachen zu erleben ..."

ERLEBEN

Schon seit längerer Zeit ärgert sich der Rabbi darüber, dass viele Gemeindemitglieder die Synagoge ohne Kopfbedeckung betreten. Eines Tages heftet er folgenden Anschlag an den Eingang der Synagoge:

**Das Betreten der Synagoge
ohne Kopfbedeckung
ist strengstens verboten
und kommt einem Ehebruch gleich!**

Ein paar Tage später steht darunter gekritzelt:
„Habe beides erlebt – kein Vergleich."

Wer hat DIE LEITUNG?

Wenn man mit dem Geist Gottes Erfahrungen machen will, so scheint es ein entscheidend wichtiges Prinzip zu geben. Ein ehemaliger Geheimdienstoffizier, der irgendwann seinen bisherigen Job an den Nagel hängte, um dann Pastor zu werden, brachte dieses Prinzip mir gegenüber einmal so auf den Punkt: „Wolfram, wenn Du mehr Erfahrungen mit Gott und dem Heiligen Geist machen willst, dann musst Du Dir überlegen, wer die Leitung Deines Lebens haben soll. Denn es kann ja sein, dass Gott Dich Wege führen will, die Du – vorerst vielleicht – nicht unbedingt gehen willst; von denen Du dann vielleicht erst im Rückblick erkennst, dass es gute und wunderbare Wege waren. Bist Du bereit, die Leitung Deines Lebens in Gottes Hand zu legen und ihm zu folgen, wohin er Dich führt?"

HERUMKOMMANDIEREN

„Bremsen, bremsen!" schreit er. Aber sie gibt Vollgas. Drei Tage später wachen beide im Krankenhaus auf. „Warum hast du denn nicht gebremst?", lallt er. – „Weil ich mich nicht von dir herumkommandieren lasse!"

—

Denn meine Gedanken sind nicht eure Gedanken, und eure Wege sind nicht meine Wege, spricht der Herr, sondern so viel der Himmel höher ist als die Erde, so sind auch meine Wege höher als eure Wege und meine Gedanken als eure Gedanken. (Jesaja 55,8f.)

Was machst Du hier?

Ich war auf dem Bauingenieursweg in Lübeck, als mir in stillen Tagen zwischen Weihnachten und Neujahr wie eine innere Stimme Gottes Frage an mich begegnete: „Was machst Du hier? Willst Du nicht einen neuen Weg beschreiten und Theologie studieren?"
Aber das wollte ich – wenn überhaupt – dann nur bedingt. Denn ich liebte mein Leben in Lübeck mit meiner schönen Wohnung auf der Altstadtinsel, hatte tolle Freunde, konnte mit dem Fahrrad zum Timmendorfer Strand oder zum Segeln nach Niendorf fahren und war erfolgreich auf dem Bauingenieurstripp.

All das würde ich aufgeben müssen, um in eine andere Stadt zu ziehen, in der ich gut Theologie würde studieren können. Und je konkreter die Entscheidung dann wurde und je näher sie kam, desto NACHDENKLICHER wurde ich, denn eigentlich wollte ich all das nicht so gerne aufgeben.

NACHDENKLICH

Das junge Paar wartet längere Zeit im Vorzimmer des Standesamtes. Da erhebt sich die Braut und geht ins Zimmer des Standesbeamten. „Müssen wir noch lange warten?", fragt sie. „Er wird nämlich schon nachdenklich ..."

„Wenn die letzte Zeit anbricht," sagt Gott, „dann gieße ich über alle Menschen meinen Geist aus ... Junge Leute haben Visionen und die Alten prophetische Träume." (Apostelgeschichte 2,17; vgl. Joel 3,1ff.)

Der Weg des Geistes Gottes

Mit Gott unterwegs zu sein und von seinem Geist geführt zu werden, das bedeutet nicht selten auch, Opfer zu bringen, Dinge, die einem lieb geworden sind, aufzugeben, um Neues zu empfangen und Neues zu lernen, auch wenn es anstrengend ist (z.B. Griechisch und Hebräisch fürs Theologiestudium). Immer wieder wird man vermutlich auch erleben, dass Türen zugeschlagen werden, von denen einem doch vorher gesagt wurde, dass sie offen stehen würden.

Zum Glück lässt Gott sich nicht lumpen und öffnet auch immer wieder neue Türen, wo man zunächst gar keine vermutete. Und nicht selten führt Gott zunächst HINAB durch Wüstenwege und Durststrecken hindurch, bevor es – manchmal auf wunderbare Weise – wieder HIN-AUF geht zu pfingstlichen Erfahrungen oder paradieshaften Personen und Orten.

Mein Paradies habe ich vorerst gefunden hier in der Pfalz, wo ich diese Zeilen schreibe. Ist fast wie der HIMMEL auf Erden – nur der Weg zum Ostseestrand, der ist ein bisschen weit ...

Wohnen im HIMMEL – Geschäft auf der ERDE

David geht mit seinem Vater spazieren. Als die beiden an einer evangelischen Kirche vorbeikommen, fragt David seinen Vater:

„Papa, ist das auch eine Synagoge?"

Der Vater:

„So was ähnliches: eine christliche Kirche, also auch ein Gotteshaus."

David:

„Aber wieso ‚Gotteshaus'?"

„Nun, so wie in der Synagoge wohnt auch hier der liebe Gott."

David, zweifelnd:

„Aber der Rabbi hat gelehrt, dass Gott im HIMMEL wohnt!?"

„Das stimmt auch, aber sein GESCHÄFT, das hat er hier unten auf der Erde."

—

Petrus: „Jesus von Nazaret wurde von Gott bestätigt durch die machtvollen und Staunen erregenden Wunder, die Gott durch ihn unter euch vollbracht hat; ihr wisst es selbst." (Apostelgeschichte 2,22)

Literatur

Witze und Anekdoten, wie sie in diesen Querdachten immer wieder auftauchen, sind Allgemeingut der jüdischen und christlichen Humorkultur. Wer daran Freude hat und sich noch mehr solche erfrischende Witze und Anekdoten oder auch begleitende theologische Reflexionen zu Gemüte führen will, dem seien folgende Bücher zur weiteren Lektüre und Erheiterung empfohlen:

- Arno Backhaus, Lache, und die Welt lacht mit dir! Schnarche, und du schläfst allein! Arnos Spaßtraktate Nr. 1, Moers 2012.
- Arno Backhaus, Lieber Lachfalten als Tränensäcke. Arnos Spaßtraktate Nr. 2, Moers 2013.
- Arno Backhaus, Lache über deine Nächsten wie dich selbst. Arnos Spaßtraktate Nr. 3, Moers 2011.
- Werner Thiede, Das verheißene Lachen. Humor in theologischer Perspektive, Göttingen 1986.
- Hans Werner Wüst, „… wenn wir nur alle gesund sind!" Jüdische Witze, Stuttgart 2017.

Der Autor

Wolfram Kerner ist Diplom-Bauingenieur (FH Lübeck) sowie Diplom-Theologe (Uni Mainz), Master of Theology (PTS Princeton) und Doktor der Theologie (Uni Heidelberg). An der Uni Heidelberg unterrichtete er Systematische Theologie und Religionspädagogik als Tutor, wissenschaftlicher Mitarbeiter oder akademischer Rat.

Zu der Erkenntnis, dass HUMOR bedeutet, sich selbst weniger, dafür aber GOTT MEHR WICHTIG zu nehmen, führte ihn vor allem seine Tätigkeit als geschäftsführender Pfarrer der beiden Kirchengemeinden Fußgönheim und Schauernheim mit zugehörigen Kindertagesstätten. Und nicht zu vergessen: Das Familienleben mit seiner Frau und seinen zwei Kindern!

Viel Spaß bereitet ihm darüber hinaus die Produktion von TheoLogo-Videotutorials über Gott und die Welt, Glaube und Kirche, Theologie und Spiritualität, die sich leicht über folgende Internetadressen erreichen lassen:

- www.theologo.org (eigenständige Website)
- www.theologo.de (YouTube-Channel).

Dort finden sich viele kostenfreie Videotutorials, die Themen dieses Buches aufgreifen und weiterführen.